ユニットケアとケアワーク

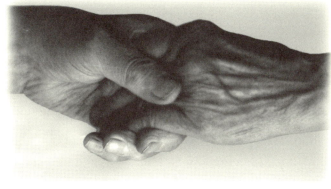

ケアの小規模化と「ながら遂行型労働」

岡 京子 Oka Kyoko

生活書院

まえがき

　私がユニットケア実施施設での調査を終え、本書のもとになっている論考をまとめてすでに5年が経った。調査を始めたころから数えれば8年が経ったことになる。その間、日本の要介護高齢者人口は増え続け、認知症の人またはその予備群となる人が高齢者の約4人に1人となった。このことを受け、2015年1月に厚生労働省と関係府省庁の共同により「認知症施策推進総合戦略（新オレンジプラン）〜認知症高齢者等にやさしい地域づくりに向けて〜」が策定された。現代の日本にあって、認知症の人はもはや〈特別な誰か〉ではなく、近い将来の自分自身や家族の姿である可能性が高まっている。

　本書の主題は、公的介護保険制度の開始に伴い制度的に新たに導入されたユニットケアという高齢者施設のケアのあり方が、どのような特質を持つ労働であるかを明らかにし、それはどのような理論的枠組みで説明できるかを考察したものである。調査を開始した2007年当時、1980年代終盤から1990年代前半に取り組まれた民間の先駆的実践であるグループホームや宅老所での成果——認知症の人本人の思いや居心地の良さに着目することが、結果として介護者にとって問題とされた行動・心理症状をも軽減させるという実証——を通して武田が提唱したユニットケアの理念はまだ新しく、各地の意欲に燃えた高齢者施設での様々な取り組みを生み出していた。

　そうした取り組みの根底にあったのは、従来の集団ケアの進め方である「機能分化させたチームケア」を否定した、利用者本人の視点に立ちその尊厳を支えるという介護理念と、それを具現化していくときのケアのあり方であった。それは「生活環境づくり」と「人的環境づくり」と表現された。すなわち生活環境面においては、小規模で家庭的かつ個人の暮らしの継続性が保てること、プライバシーが確保され刺激が調整されること、安全で地域に開かれていることであり、人的環境面においては、ケアワーカーと利用者の関係のみなら

ず、利用者間においても〈なじみの関係〉をつくり、認知症の人のペースに合わせ、穏やかで待つことができ、関心と尊重・感心と称賛を持って関わることが重要視されたのである。そのために、1日の時間的流れをはじめとした日常生活の組み立てそのものを見直すというものであった。

　しかし、そうした実践はこれまでの集団ケアで行われていた機能分化させたチームケアの進め方とあまりに異なり、人員配置基準や運営等抜本的な変更を要するものだったにもかかわらず、それなしに進められた側面があったためにケア提供側にしわ寄せを生み出していく側面を持っていた。全室個室ユニットケア実施の新型特養は介護保険制度に位置づけられ、2003年に介護報酬を高く設定することで整備が強化された。その後、2005年の介護報酬改定で居住費が自己負担とされ、ユニットの個室には低所得者が入居できないといった問題が浮上、2006年からの「重度化対応加算」の創設により、特別養護老人ホームの入居者はより要介護度の高い人へと政策的に誘導された。〈家庭的〉を目指したユニットのリビングには、経管栄養用の栄養パックや半固形化栄養剤をいれたシリンジが並び、より自立度の高い高齢者が暮らすユニットでも、日常生活動作にかかわる介助に追われる状態となった。

　さらにその後、「個室で生活することは普通の人が暮らす生活様式として当たり前、当たり前を基本に考えるべきだ」という意見の一方で、膨大な数の入居待機者の存在といった現実も踏まえ、従来型多床室を認めるという方向で「全室個室ユニットケア実施」への転換はなし崩しになってきた。新築された特別養護老人ホームの形態について2005年度に従来型はいったん0％になったものの、2010年度は従来型13.3％、ユニット型86.7％であり、2013年度では従来型7％、ユニット型93％という実態がある（厚生労働省第104回社会保障審議会介護給付費分科会資料1 H26.7.23）。

本稿が主題としたのはこういったユニットで暮らす人たちの様相が変化していた時期の介護労働であり、そこで結果として見出された事実は次のようなものであった。それは、ユニットケアの理念である「認知症の人の自尊心を支える」ということの具現化は、一緒に家事をするといった認知症の人の生活能力を生かすという形ではなく、ケアワーカーが認知症の人一人ひとりの言動や感情に巻き込まれながら、ユニットの日常生活を進めていくといった形で行われていたということである。

　それは、〈家庭的〉を目指すうえで欠かせない調理等にかかわる「疑似的家事労働」の出現であり、利用者の自尊心維持を図りつつ関係調整を行いユニットの生活を統制するために、ケアワーカー自身の感情管理のみならず、細心の注意を払って利用者の感情に働きかけるという「気づかい労働」が行われていたことであった。ケアワーカーは、「日中において１ユニットごとに常時１人以上」といった配置基準の中で、「介護労働」「疑似的家事労働」「気づかい労働」といった肉体労働・頭脳労働・感情労働を重層的、同時並行的に行っていた。

　そしてそこではユニットの生活の文脈、あるいは入居者個々の感情の文脈に沿って、その都度の労働過程の再構成をケアワーカー自ら行わざるを得ないというあり方でしか業務遂行ができないといった働き方があった。このことを「ながら遂行型労働」と名付けた。

　ユニットで観察されたケアワーカーの働き方は、ユニット化される以前の従来型大規模処遇の中で、機能分化させたチームケアとして一定の業務量を想定し役割分担をしたうえで効率的に進めるケアワーカーの労働のしかたとはまったく異なる性質のものであり、ケア単位の小規模化とともに認知症の人の尊厳を支えるという理念の下で生じた変化であった。

また、認知症の人の重度化が進み自己主張能力が低下した場合には、ユニットにおける労働そのものが家事労働の特性である評価されない、競争にさらされないといった傾向をより強めていく事実が観察された。その場合ケアワーカーが認知症の人と「人」として出会うケアの成立には、認知症の人（あるいは家族）、ケアワーカー、管理者の相互統制のありようがかかわり、認知症の人と認知症の人をめぐる人間関係に支えられて、認知症の人の尊厳を支えるための「気づかい労働」は成立しうることが明らかになった。

　このような点は近年のユニットケアの実践ではどのような形で克服されてきているのか、もしくはされていないのだろうか。いずれにしても、ユニットケアの現場で利用者の尊厳を守る「個別ケア」が可能になるという実証や、その後のユニット化を進める政策的誘導は、たとえ従来型施設であっても様々な工夫をして「個別ケア」をなんとか実現させられないだろうかという視点を生むこととなっている。ユニットケアは、建物や人員配置、形としてのケアの小規模化ではなく、「いかに利用者個人と向き合うか」ということを問うている。そのことが、ケア現場の共通目標として認識されてきたと言えよう。いまや「ユニットケア」は高齢者の尊厳を支える一つの施設ケア理論になったと言えるのではないだろうか。

　現在、認知症の人を支えるという点で、目指されているのは地域での取り組みである。これまでにもユニットケア実施に意欲的な施設では、入所施設で暮らす複数の高齢者がケアワーカーとともに日中、地域の民家に出かけて行ってそこで過ごし、夜になると施設に戻るといった「逆デイ」の取組みや、施設職員が地域に出かけて公民館や民家など既存の場所で出前のデイサービスを行う

「サテライトデイサービス」といった取り組みをしてきた。それは、施設と地域社会の壁を取り払い双方の自由な交流を図っていくことが、「その人の今までの暮らしをいかに続けられるか」という視点からみると、ユニットケアの先にあるものではないのかという考えによる実践である。

　利用者の尊厳を支える「個別ケア」は、施設ケアとしては「ユニットケア」で実証された。今後それが地域の中でどのような形で展開されていくのか。「ユニットケア」で蓄積された知見はどのように生かすことができるのだろうか。

　全国各地で小規模事業所等を核とした地域ケアの実践が始まっている。そうした試みがあるとしても、本書が指摘したケアワーカーの労働の問題、すなわち施設ケアにおいて利用者の生活の文脈に沿いながら、一人ひとりの利用者の自尊心を支える「介護労働」「気づかい労働」「疑似的家事労働」を重層的かつ同時並行的に行い、その都度の労働過程の再構成をケアワーカー自ら行わざるを得ないという「ながら遂行型労働」という問題はまだ解決されないままであると考える。

　本書では、小規模化され利用者の尊厳を支えるケアといわれるものが、どのようなケアワーカーの労働によって支えられ現実化しているのかということについて、何とか答えを示そうとしたものである。変化し続ける現代の高齢者ケア現場にあって、認知症ケアと介護労働についての社会学的研究の蓄積は少ない。ケアの小規模化と市場化、認知症の人の自尊心維持といった理念が、介護労働をより高度で複雑な労働にしているということについて確認したことは、今後のケアの地域展開を見据えていくうえで意義があったものと考える。

　調査においてはユニットケア実施施設と従来型大規模処遇施設でのフィール

ドワークを行い考察したが、私の見たこと、聞いたことは膨大な現実の一部でしかない。従来型であっても、個別ケアに取り組んでいる施設は多い。しかし、小規模化されたユニットでの働き方を浮き上がらせるためには、かつての措置時代の面影を残す従来型大規模処遇施設との対比が必要であると考えたことをご理解いただきたい。

【付記】
　本書で使っている「認知症」ならびに「痴呆」という言葉については、2004年12月に「痴呆」を「認知症」と変更することが決定されたことを踏まえている。過去の文献等の引用においては、そこで使用されている「呆け」「痴呆」という言葉をそのまま用いており、そのほかでは「認知症」という言葉を用いた。
　また、本書における考察の拠り所となるフィールドワークについては、人物名・施設名ともに仮名を用い、プライバシーにかかわる情報は削除をした。

ユニットケアとケアワーク
ケアの小規模化と「ながら遂行型労働」

目　次

まえがき　3

序　章　研究の目的と意義

1　ケアシステムの転換とケア労働　14
2　社会学は認知症や認知症ケアをどう捉えてきたか　18
3　「感情労働」という概念——自己疎外からケアリングの要素へ　19
　　3-1　ホックシールドの見出した感情労働　20
　　3-2　ホックシールド以降——特に看護領域における「感情労働」研究　22
　　3-3　ケアと感情　26
4　フィールドでの発見　27
　　4-1　フィールドワークの概要　27
　　4-2　「ながら遂行型労働」と感情労働の深まり　33
5　本研究の意義——「ながら遂行型労働論」の提起　35
6　本稿の構成　36

第1章　認知症ケアの現在

1　認知症ケアのパラダイム転換　44
2　認知症ケアの変容過程　49
　　2-1　ケアの不在——収容対象としての認知症の人（1970年代まで）　49
　　2-2　「呆け老人をかかえる家族の会」の誕生——介護者本位のケア（1980年代）　51
　　2-3　民間の先駆的実践——呆けても心は生きている・個の発見（1990年代）　52
　　2-4　尊厳を支える全人的ケア——ユニットケアの誕生と制度化（2000年代）　53
3　ユニットケアの現在　55
4　高齢者施設におけるケア労働　57
　　4-1　従来型集団ケアにおけるケア労働／機能分化させたチームケア　57
　　4-2　ユニットにおけるケア労働／文脈依存型ケア　66
　　4-3　ユニットにおけるケア労働はどのように語られているか　69

第2章　「日常生活を共にする」ケアとは何か
　　　　——「擬似的家事労働領域」と「ながら遂行型労働」

1　認知症の人と「日常生活を共にする」ことの意義　75
2　調査の対象と方法　77
　2-1　タイムスタディ法　77
　2-2　生活時間調査　78
　2-3　調査の対象　79
　　（1）ユニットケア実施／介護老人保健施設　アオギリ園　80
　　（2）ユニットケア実施／特別養護老人ホーム　トチノキ園　82
　　（3）従来型大規模処遇／介護老人保健施設　クスノキ園　84
　　（4）従来型大規模処遇／特別養護老人ホーム　ネムノキ園　85
　2-4　調査の方法　84
3　コミュニケーションにおける質と量の差　90
4　「ながら遂行型労働」　93
5　「擬似的家事労働領域」の誕生　96
6　ユニットにおける労働編成　99
　6-1　労働空間　99
　6-2　労働編成　103
7　小括　109

第3章　「自尊心を支える」ケアとは何か
　　　　——「ながら遂行型」に提供される「気づかい労働」

1　「自尊心を支える」ことの意義　116
2　〈脱－アサイラム〉状況という視点と問題の所在　117
3　調査の対象と方法　119
　　（1）ユニットケア実施／特別養護老人ホーム　シラカシ園　119
　　（2）アオギリ園　3階東ユニット　122
4　「VIPユニット」の生活　124
　4-1　無視できない「告げ口」　124

4-2　結束による力の行使　125
   5　利用者への「気づかい労働」　128
       5-1　ひとり職場での「気づかい」　128
       5-2　関係修復としての「気づかい」　133
   6　「気づかい労働」はどのように行われるか　136
       6-1　労働の実態——不規則かつ長大な勤務時間　136
       6-2　労働の実態——ひとりの労働　137
       6-3　労働の実態——孤独な夜勤　139
       6-4　労働の実態——仲間との連帯　140
       6-5　労働の過酷さ　142
       6-6　第二次的調整　144
   7　小括　146

終章　ユニットにおけるケア労働の特質
——ながら遂行型労働論の提起

   1　利用者の重度化とケア労働　150
   2　家事労働的性質の付与　157
   3　「ながら遂行型労働」とは何か　159
   4　残された課題と展望　163
       4-1　重度の認知症の人とのかかわり　163
       4-2　ながら遂行型労働を支えるもの　167

補遺　ユニットケアの質を高めるために
——先進施設の実践から

   1　調査の対象と方法　172
   2　「個別性」の実現へと深まる志向性　173
   3　ユニットケアの質を高めるもの——管理者のかかわり　176

あとがき　179
文献　181

序章　研究の目的と意義

　日本の高齢者ケアに公的介護保険制度が導入されて 15 年が経過した。制度の目的の一つである高齢者の尊厳を支えるという点では、「個別ケア」を実施するための方法論としてケアの単位を小規模化していくグループホームケアやユニットケアが定着してきた。

　本稿は高齢者施設ケアとしてのユニットケア実施施設においてケアワーカーの労働を詳細に検討し、ケアの小規模化はどのように要介護高齢者の尊厳を支えているのか、またケア労働はどのように変化しているのか、そしてそれはどのような枠組みで説明できるのかということについて考察することを主題としている。

　このように考える背景には、私自身が介護福祉士養成に携わっており、ユニットケアが広まり始めた時期にユニットで働く卒業生たちの話を聞くなかで、やりがいがあるという一方、業務が厳しく辞めて行く人も多いといった実情を耳にしていたことがある。調査を考え始めた当時（2005～6年ごろ）、訪問した施設では車いすに乗せられたまま、閑散としたユニットのリビングに座りっぱなしの高齢者にも出あっていた。また、心をこめてケアをしたとしても感謝の言葉どころか、時には暴言や暴力が返ってくることもあるのが認知症ケアである。大規模処遇の中では、他の職員に助けを求めたり交代してもらったりすることも可能であるが、小規模化されたユニットケア現場ではそれができない。

　認知症ケアにおいてケアワーカーの感性が重要視されている中[1]、ケア技術が未熟な新人ケアワーカーにとって、ユニットで勤務すること、すなわち特定の少人数の認知症の人たちと長期にわたって関わり続けるということは、どのような体験なのであろうか。利用者本位という理念の下で、自己の健康や感性といったものをすり減らしているのではないだろうか。ユニットケアについて「小規模化することで高齢者の尊厳を支えるケアが可能になる」と喧伝され、私自身も学生にそのように伝えてきたことは、本当に正しかったのだろう

か。そういった罪悪感にも似た、切実な疑問を抱きながら日々を過ごすことが苦しくなったのである。ユニットの現場では実際には何が起こっているのだろうか。ケアワーカーたちはどのような体験をしているのだろうか。様々な実態を含め、この現場でのケアワーカーの労働を詳細に明らかにしたいと考えた。

1　ケアシステムの転換とケア労働

　日本は 2006（平成 18）年に、総人口に対して 65 歳以上の高齢者人口が 21％を超える超高齢社会となった。世界に類を見ない急激な高齢化である。このような社会の急激な変化は、国民の福祉需要の増大や多様化を迫ることとなる。超高齢社会に備えるべく、1951（昭和 26）年に制定された社会福祉事業法を見直したのが、2000（平成 12）年の「社会福祉基礎構造改革」である。「個人が住み慣れた地域において、人としての尊厳を持って、その人らしい自立した生活ができるように支える」ことを目指し、それまで対象者を一部の人々に限定していた「措置型福祉」から、大多数の人が必要に応じて利用できる普遍的システムとしての福祉へと大きく舵を切った。

　2000 年に開始された介護保険制度は、まさに「措置から契約へ」といった形で、それまでは弱者であるとみなされてきた高齢者観や、家族に過度に依存してきた介護のありよう、さらには介護サービス提供主体の限定による行政の管理統制といった側面からも大きな転換をもたらすものであった。救貧的な措置制度から、サービス利用者（以下、利用者とする）の選択による任意契約に転換することで、サービス水準の向上とサービス内容の多様化が期待され、それは営利法人を含む民間事業者といった多様な事業主体の参入を促進することとなった。すなわち、日本の福祉サービスに「市場化」の原理が持ち込まれたのである。事業収入としての介護報酬は行政によって規定されているものの、それぞれのサービス提供主体は選ばれるサービスを提供し、かつ効率的に運営することで利潤を生みださねばならないといった経営体としての性格をもつことになった。

　一方で、社会福祉の基礎構造改革で目指された「人としての尊厳を持って、その人らしい自立した生活ができる」といったことは、どのように具現化されたのであろうか。ケア理念の変化という視点では象徴的な、認知症ケアの理念

としての変化をみてみよう。日本において認知症対策が、介護との関わりをもって示されるようになったのは1990年代になる頃である。

認知症介護研究・研修東京センター研究部部長であり、認知症ケアの理念転換において推進者の役割を果たした永田久美子は認知症ケアの成熟の歴史として八つの段階を紹介している（永田2002 a）。それによるとケアに対する理念が皆無で、関わりの大変な行動を制限していた「ケアなきケアの時代」から、「問題対処ケアの時代」を経て、1980年前後になり「文脈探索型のケア」や「本人の可能性指向型ケア」が始まった。さらに1980年代半ばからは「環境アプローチの時代」となり、1990年頃になると「ノーマライゼーション／人権擁護のケアの時代」へとケアの視点が変化してきた。そして現在は認知症があってもその人の生命力や人としての暮らしや存在の平穏、可能性の最大限の発揮に向けて、家族を含むその人の求めることの全体を模索していく「全人的ケアの時代」へと広がってきた。今後は認知症ケアが「特殊から一般へ」とさらに広がる時代にすべきだというものである。

認知症の症状が内的・外的環境と関連をもって捉えられるようになったのは1990年代も後期に入ってからである。認知症に伴う記憶や判断力障害があっても、適切な環境が整えられ適切な対応がとられれば、問題となる行動や心理状態は最小限でとどめられる。こういった理解は、認知症の人をケアする人々への規範として教育、研修に採用されている。そしてこの永田の主張のとおり、介護保険制度導入にあたっては「身体拘束禁止規定」[2]が盛り込まれ、どのような状態であったとしても認知症の人を尊厳ある《人》として扱うことの徹底が図られてきた。さらに、認知症の人へ「適切な環境と適切な対応」を実現しようと登場したものが、介護保険制度に組み込まれた「認知症対応型共同生活介護（通称：認知症グループホーム）」[3]や全室個室・ユニットケア実施の「新型特養」[4]である。10人程度の少規模ケアの中で、一人ひとりの個性を知り、より柔軟な「心を汲むかかわり」をすることが、認知症の人の心を落ち着かせ穏やかな生活を作り上げると意図されたものである。

ケアの小規模化がケアワーカーの働き方にどのような影響を及ぼすかという点については、これまでも多くの論争がなされてきている。ユニットケアの理論的な推進者であった外山義は、実践現場において職員の身体活動量と介助内容の変化を調査し、職員の身体活動量が減少したこと、排泄・食事介助といっ

た直接的なケアよりも、コミュニケーションを含む余暇・交流にかかわるケアが増加したことを明らかにした。すなわち、小規模化によって作業動線が短くなったこと、適切なケア提供が可能になったことにより認知症の人の状態が改善されケアの必要量が減少したことで、労働強化どころか身体的労働を減らしているという結果である。外山は他にも、ユニットでは職員一人ひとりが個々の認知症の人と正面から向き合うことが求められ、このことは職員をふるいにかける側面も持つことを指摘している。しかし、それは将来的には認知症ケアの質を上げることにつながり、職員の精神的負担が増しても「やりがい」が増えるという楽観的な結論を導き出している（外山 2003b: 92-101）。厚生労働省はこの実証的データに基づき、新型特養の設置を進めてきたという経緯がある。

一方、高齢者ケアのオピニオンリーダーである高口光子は、介護アドバイザーという立場で様々なユニットケア現場にかかわった経験から、ケアにおける動線の無駄、他部署との連携の困難さ、ケアワーカーの孤独等の問題を指摘し、ユニットケアは実際には身体的にも精神的にも労働強化に繋がることが多いと指摘している（高口 2004: 101-107）。

2005年の介護労働安定センターの調査では、グループホームやユニットケアで勤務するケアワーカーは、夜勤時の孤独、適切なケアが提供できるかどうかに対する不安、休憩時間が取りにくい等を感じていることが明らかにされている（佐藤編 2005）。さらに同年の東京大学の調査でもケアワーカーの「やりがい」とともに、入居者の高齢化に伴う仕事量の増加に加え、ひとり職場であるため代替者もなく身体的負担や精神的緊張を持続して強いられる状況、利用者との関係をうまく結んでいくことの困難さが明らかにされている（上野編 2005）。

このようなケア労働の変化をどのようにみるのかということについて、一つには感情労働という視点からその労働の心理的側面に注目するものがある。A.R. ホックシールドが提示した「感情労働 emotional labor」という概念である。それは、職務内容として適切な感情表現や感情の状態をつくるための感情管理を伴う労働である。感情労働の場では、感情を労働の道具として管理することで、個人がその自然な感情から疎外されてしまうという危険性を孕んでいる。ユニットケアの現場においては、その都度の認知症の人の感情に対して臨機応変かつ即応的に、しかも相互の信頼を作り出すようなケアワーカーの感情の表出を、長期的、継続的に行わなければならない。春日キスヨは小規模化し

た認知症ケアにおいては、ケアワーカーの感情次元まで自己を組み替えたケアが必要とされており、より高度でかつより深い次元までの関わりが規範力を伴って求められている点が新しいケア労働の特徴であると述べている（春日 2003）。

これに対して上野千鶴子は、ユニットケアにおけるケアワーカーの労働強化を感情労働の概念で説明することを批判し、集団ケアとの両方を経験したケアワーカーのほとんどがユニットケアにおける労働に負担感とともに高い満足を示しているのであるから、感情労働という概念は、かえって実質的に起きている労働強化を隠蔽する効果をもつことになりかねないと指摘している。その上で、あえていうならば「責任労働」というべきものだとも述べている（上野 2006, 2008）。

介護保険制度の導入と同時にケア現場に求められることになった変化を整理すると、ひとつは、ケア倫理の転換とケアの質の向上である。それは、認知症であっても「人としての尊厳」を守り「その人らしい自立した生活」を目指すという点で、極端に言えば、これまで措置制度の中で、利用者に対して圧倒的な権力を持ち保護者として振舞っていたケアワーカーに、それまでの問題行動の予防や対処に重点をおき、十把一絡げに「痴呆老人」として扱っていた姿勢そのものを見直すよう迫られたことである。次に、ケア単位の小規模化という物理的な変化である。利用者に個室を提供したことは、ケア現場の中に死角が増えることであり、利用者へ一斉に行うことができていた目配りが困難になった。さらに、ケアチームの少人数化がおこったことで、ケアは孤独な労働となり、相談相手がいない中での緊張を強いられる労働となったのである。三つめには、「措置から契約へ」の市場化の流れのなかで効率優先という価値観が登場したことである。利用者の《尊厳》を支える人間中心的ケアが求められる一方で、経営者側からの利潤追求といった形で現場のケアワーカーに相反する要求を突き付けるような状況を現象せしめていることが危惧される。

介護保険制度が定着し、改めてサービスの評価と見直しが必要とされる現在、介護の市場化の中で小集団での全人的介護をスローガンに始まったユニットケアというケア形態において、ケアワーカーの労働を詳細に検討し、利用者との間で取り結ばれる相互作用をみることで、実際にケア労働はどのように変化しているのか、そしてそれはどのような枠組みで説明できるのかということを明らかにすることは重要である。次節では、これまで社会学が認知症や認知症ケ

アをどのように捉えてきたかということについて紹介する。

2　社会学は認知症や認知症ケアをどう捉えてきたか

　認知症および認知症ケアをとりまく研究課題としては、さまざまな視点からのものが多数存在する。本稿では、小規模化された認知症ケア現場におけるケアワーカーと利用者の相互作用のあり方をみながら、その労働を検討することを主題としている。したがって、ここではそういった認知症の人本人と介護者、あるいは認知症の人にかかわる他者との相互作用に焦点を当てた先行研究を日本のものに限ってみてみたい。

　かつて、認知症に関する研究はもっぱら精神医学や心理学の領域で蓄積されてきた。また介護者側に生ずる介護負担としての捉えから、社会福祉・医学・看護学・社会心理学などの幅広い分野で現在まで多くの研究がなされている。しかし介護負担感に着目した研究では、認知症の人の変化や状態は、介護者の負担感を変化させる要因として位置づけられ、測定されたり分類されたりしている。したがって、認知症の人と介護者あるいは他者との相互作用に着目しているとはいいがたい。

　1990年代の後期には当事者の手記が翻訳されたり、医療・介護現場から認知症の人が関係性の中で変化するといった事実についての発信があったりという時代をむかえた。この頃から、認知症の人と他者との相互作用が社会学の研究テーマとしても取り上げられるようになっている。この時期の日本における先駆的な研究としては、精神科医であり認知症ケアにも関わっていた小澤勲のものがある。社会学研究者ではないが、社会関係の中で認知症を捉えた論考である。すなわち、原因疾患からの影響を直接受けて発現する「中核症状」と、中核症状を持つ本人が不安を抱えた状態で周囲に適応しようとして呈することになる「周辺症状」という概念の提示である（小澤 1998）。

　同時期に、石倉康次は認知症の人が「何もわからない人」ではなく、自らの症状に苦しんでいること、そしてぼけても普通に生きることのできる環境をつくりあげることが重要ではないかという主張をもって、複数の先駆的ケア実践の場での認知症ケアを取り上げ、1999年に『形成期の痴呆老人ケア——福祉社会学と精神医療・看護・介護現場との対話』を著した。そこでは、関係や社会

によって規定される認知症の人の自我という考えを示し、社会学的課題が数多くあることを指摘している（石倉 1999: 256）。

　出口泰靖は、認知症の人の主観的体験に迫ろうと認知症ケア施設でのフィールドワークを重ね、認知症の人の戸惑いやゆらぎについて明らかにしてきた。さらに、そういった本人の体験を汲み取るケアについての考察をしている（出口 1999, 2000, 2001）。

　認知症の人のケアをめぐる相互作用については、天田城介が、従来型大規模処遇特別養護老人ホームの認知症専門棟において、認知症の当事者間、あるいは認知症の人とケアワーカーの相互作用を通じて達成されてゆく認知症の人のアイデンティティ管理の実践と、ケアワーカーが利用者の〈呆けゆくこと〉をいかに解釈しケア実践につなげているかということについて考察した（天田 1999, 2007）。

　ユニットケア施設におけるケア労働に関しては、前述した春日キスヨの研究がある。春日は新しい認知症ケアの理念は、認知症の人とケアワーカーの相互作用において、施設における実際の労働条件のもとではケアワーカーに過重な負担を与えるものになることを「感情労働」の概念を用いて指摘している（春日 2003）。この春日の指摘に関しては、後に上野千鶴子によって、「感情労働」概念をもってユニットのケア労働を説明することはユニットで起こっている労働強化を隠蔽する表現である、として批判されている（上野 2006, 2008）。この点については本研究の主題としていることにも関連するので章を改めて考察するが、次節でまず「感情労働」概念について紹介しておこう。

3　「感情労働」という概念——自己疎外からケアリングの要素へ

　認知症の人をケアするうえでは、「認知症の人の形成している世界を理解し、大切にする。その世界と現実とのギャップを感じさせないようにする」ことが大切だと言われている（杉山 2006: 21）。それはケアする側にとっては、認知症の人の性格や個人史、持病、その日の体調、さらには生活リズムや癖、習慣といった、瑣末な、しかも非常に個人的な情報をヒントに、個々人の文脈を読み取ることが要求されているということである。その上で、その人の内的世界に即した形で、その人が納得できるような対応をすることが求められる。認知症

の人は単なるコミュニケーション障害を持った人ではない。記憶力や判断力が低下していくなかで、何度も同じ問いを繰り返し、不安が解消されないと介護者に付きまとうといった形で安心を得ようとすることも多い。認知症の人のケアにおいては、介護する側に湧き上がる自己の感情を押し殺し、その場の状況に即した形でのコントロールされた感情を提示することそのものが一つのケアでもある。

　ここでは、本研究のフィールドワークにおいて重要な視座とした「感情労働」概念について紹介し、ケアとの関連を示す。

3-1　ホックシールドの見出した感情労働

　A.R. ホックシールドは、1983 年に『管理される心――感情が商品になるとき』を著し「感情労働」という概念を打ち出した。これはサービス産業の進展を背景に 19 世紀の工場労働者が「肉体」を酷使されたのに対し、20 世紀のサービス産業労働者は「心」を酷使されているとし、肉体労働、頭脳労働に加え新たに「感情労働　emotional labor」の存在を明らかにしたものである。彼女がサービス産業労働者として観察対象にしたのはフライトアテンダントと集金人であったが、企業の利潤追求のために労働者の感情のありようが管理され、さらにそのことについて雇用する側が労働者の負担を認めず、社会の中で感情労働が可視化されていないことを指摘した。また、感情労働者にとっては、感情に対する道具的スタンスを進展させることで感情が持つシグナル機能を失う危険性があり、自己にとって否定的効果を与えるということについて指摘している（Hochschild 1983=2000）。

　私たちの社会には、たとえばお葬式では悲しむべきだといったように、個々人が表出したり抱いたりする感情の外的側面・内的側面の双方の適切さを指示する「感情規則 feeling rules」が存在している。この感情規則は私的な側面では、家庭や学校における教育やメディアを通して個々人に内面化されていくものであるが、感情労働者にとっては雇用者によって教育され管理されるものである。日常生活の中で、ある状況において感情規則に則って自分の感情を管理することが「感情管理 emotion management」であり、それをうまく行うことで私たちの社会における相互行為の秩序が保たれているという側面がある。先にあげたお葬式を例にとると、そこでどんなに滑稽で珍妙なことが起こったとしても、

笑ってはいけない。気づかないふりをして神妙な顔をするよう誰もが努めている。なぜなら、それが社会の示す感情規則だからである。

　では、どのようにして感情管理を行うのかということについては二通りの方法がある。ひとつは「表層演技 surface acting」である。これは、演技によって自分の外見を変えようとするものである。例えば、悲しみの場面では伏し目がちにうつむき、歯を見せないといった表情をつくることである。心ではなく身体が主な仕事道具であり、うわべだけの演技である。もうひとつは「深層演技 deep acting」である。こちらは心からそう感じるよう、自分で自分の感情を誘発することが求められる。名優と言われる子役が涙を流す場面について「悲しいことを想像したら泣くことができる」と言っているのがそうである。その場に対して適切な感情を喚起しようとする意志、反対に不適切な感情を抑圧しようとする意志がそこには存在する。

　人々はさまざまな場面で感情管理を行っているが、私的文脈におけるその行為は「感情作業 emotional work」と呼び、賃金と交換される「感情労働」と区別されている。感情労働の特徴は、①対面あるいは声による顧客との接触が不可欠である、②他人の中に何らかの感情変化を起こさせなければならない、③雇用者は研修や管理体制を通じて労働者の感情活動をある程度支配する、という３点であり、職務内容として適切な感情表現や感情の状態をつくるための感情管理を伴う労働である（Hochschild 1983=2000: 170）。

　たとえば、フライトアテンダントの接客において「心からのもてなし」を宣伝する企業に対して、飛行機の中で酔っぱらったりいらついたりしている客の振る舞いを、飛行機に乗ることへの怖さによるものだと解釈し彼らを落ち着かせることは、顧客を満足させ航空会社のイメージアップとさらなる収益へとつながる。すなわち「心からのもてなし」というフライトアテンダント個々人の感情管理は商品化され、「交換価値」を持つものになっているのである。したがって、フライトアテンダントの研修の場では、「笑顔が大切。笑顔を忘れないように」といった訓練が行われることになる。

　このような状況が継続した場合、労働者は３種類のリスクを負うことになる。ひとつは、「燃え尽き」である。これは、没我的に感情管理をしてしまい自己と役割とを切り離せなくなった結果、ストレスをもたらすような感情に対する感覚を麻痺させてしまうといったことである。二つめは、労働者は明らかに自

分自身を職務と切り離しており、燃え尽きてしまう可能性は少ないが、演技をしている自分を不正直だと感じ、否定的な自己像の構成をもたらすことになる。三つめは、自分の演技から自分を区別しており、そのことで自分を責めることもなく自分の職務は演じる能力を必要としているのだと考えるのだが、演技することから完全に疎外され、自分の職務に対して皮肉な考え方しか持てなくなるというものである（Hochschild 1983=2000: 214）。

　フライトアテンダントが乗客に対して怒りを感じたという事実について、それは彼女が敏感になりすぎているからそう感じてしまったのだ、という会社側の解釈にそって理解すべきなのか、自身の正当な怒りとして認めていいのか、フライトアテンダント自身が迷い、疲れているということをホックシールドは紹介している。それは「管理された心を自分自身のものとして取り戻そうとする努力」であり、感情労働の代償として自己の感情からの疎外がおこっていることの象徴なのである（Hochschild 1983=2000: 222-6）。

3-2. ホックシールド以降——特に看護領域における「感情労働」研究

　前節でみたように、ホックシールドが見出した「感情労働」とは、その職務において自身の感情を管理することが求められている労働であり、労働者にとっては否定的効果をもたらすものであった。それに対して、感情労働の意義を積極的に認め奨励されるべきといった言説がある。看護職が自らの感情を管理するのは「患者のため」であるので、看護職の感情労働がスムーズに行えるよう教育・サポートすべきだというのがパム・スミスの主張である（Smith 1992=2000）。

　看護師にとっての「感情労働」とはどのようなものであろうか。例えば、患者が「ケアされている」という満足感や安心感を得るために、看護師は優しさや平静さを醸し出すように自分の感情状態を管理する。そのためにはどんなにひどい外傷を見ても動揺を見せてはならないし、患者の言動に傷つけられたとしても憎しみや涙を見せてはならない。死にゆく人に絶望感を見せてはならないし、困難な手術を受ける人には患者自身が医師への信頼と尊敬をもてるようさりげなく看護師がアピールしなければならない。こういったことが社会から要請され、同時に看護師という職業を選択した自分自身が望んだ「白衣の天使」像なのである。

看護学研究者であるスミスは、「ケアリングの要素としての感情労働」という捉え方をした（Smith 1992=2000: 30）。「ケアリング」という言葉は、通常「気配り、気づかい」と翻訳される。看護理論家である P. ベナーと J. ルーベルは、ケアリングについて「人が何らかの出来事や他者、計画、物事を大事に思うということ」「人が何かにつなぎ止められていること」「何かを大事に思うこと」「巻き込まれ関与していること」と定義し、医療的処置をすることがケアなのではなく、むしろその際に患者に向ける配慮やまなざしこそがケアであり、看護の本質だと主張している（Benner and Wrubel 1989=1999: 1）。であるので、看護教育者でもあるスミスが、感情労働は看護の本質に関わるものと捉えたのは当然であろう。スミスは、イギリスにおいて看護学生の実習体験を検討し、ケアリングは自然にできるものではなく感情管理技術が必要であること、それは教育的にも組織的にもさらには社会の中で政治的・経済的構造によって支えられなくてはならないと結論づけた。

　スミスは、業務分担式のやり方よりも、プライマリー・ナーシング[5]といった看護師と個々の患者との人間関係により重きを置くやり方の方が、感情面でのケアという側面を強く浮き立たせると述べている（Smith 1992=2000: 232）。このことは、現代日本の高齢者ケア施設における従来型大規模処遇とユニットケアの比較を考える上で、示唆に富んだ記述である。

　日本に「感情労働」概念を紹介し自身も看護職である武井麻子は、2001 年に『感情と看護』を出版した際の日本の看護師たちからの大きな反響を「パンドラの箱の蓋を開けてしまったように感じた」と述べている。看護師たちは自分たちの職務を的確に表現する言葉に巡り合えたとばかりに、自身の感情体験について堰を切ったように語り始めたというのである。このことについて武井は、「社会学者が否定的・批判的意味合いで使っている『感情労働』という言葉を、看護師たちが自分たちの仕事を表現するものとして高らかに揚言したことに当惑した」と述懐している。それは、日本の看護師たちが自身の感情労働について批判的に検討するという以前の状況に置かれており、かつ医療現場に注がれる監視的な社会のまなざしや、市場原理の導入による業務の高速化によって、看護師と患者との関係性に変化が起きているといったことが看護師の感情労働を極限状況に追い詰めているということではないかとも述べている（武井 2002）。

　日本の看護師たちは、前述した「ケアリング」すなわち「患者に向ける配慮

やまなざしこそがケア」といった職業的価値観については、規範として参照していたとしても、それを職場のあらゆる場面において実践し続けることについて、それが「感情労働」という名を持つ「労働」であるとして武井によって紹介されるまで、自覚していなかったとも解釈できる。

日本においては崎山治男も感情労働の視点を持って医療現場の変化を考察し、患者中心の医療・看護への転換により、看護職に感情管理の他律化を強める圧力要因が増大していることを明らかにしている（崎山 2005）。

一方、感情労働の意義といった側面からの検討ではなく、ホックシールドの示した感情労働概念を批判、補足する視点での研究もある。ホスピスで参与観察を行ったN.ジェイムスは、ホックシールドの示した表層演技や深層演技といった技法は、他者の感情管理をする際の感情労働者自身の感情管理という対処方法であるが、他者の感情管理を行う方法に関してホックシールドは言及していないと指摘した。ジェイムスが見出したものは、看護師が自己の感情管理を通して、患者自身の感情管理をケアの目的に応じたものへ変容させるといった形の感情労働であったからである（James 1989）。

さらに、ホックシールドが問題視した「感情労働が可視化されていない」といった側面に対しては、R.J.スタインバーグが感情労働を職務評価システムの中で可視化させ、感情労働を測定するための新たなファクターの設計を含む、看護師の職務評価システムの再設計を試みている（Steinberg 1999）。彼女が対象にしたのはカナダの地方自治体に勤務する看護師であったが、評価システムとして技能、努力、責任、労働条件という四つの側面を捉えなければならないとし、17のファクターを開発した[6]。そのうち、感情労働を捉えるものとして、技能ファクターにおける「対人関係技能」と「コミュニケーション技能」、努力ファクターにおける「感情的な努力」、責任ファクターにおける「顧客や患者との良好な状態に対する責任」といった四つのファクターを抽出した。

一点目の「対人関係技能」とは、「丁重さ、機転、忍耐強さ、理解力、人に自信を持たせること、同情を寄せること、慰め、安心を与えること」であり、その技能の複雑性は相手の感情状態がどのようなものであるかなど対応にあたっての困難度に関連させて考えられなければならないため、5段階のレベルに分類している。そのうち、4番目に難度の高いレベルDでは、「相当な機転、忍耐強さ、理解力、人に自信をもたせること、同情を寄せること、直接サービ

スを提供する中で共感したり理解しあえること、扱いの難しい状態や非協力的な状態の人を慰めることができること、生活の質に影響を与えるような新たな状態が生じた際、顧客を導くこと」が求められる。そしてこのレベルの職務には「説得の技術、ネットワーク技術、グループダイナミクスの理解力」が必要とされる（Steinberg 1999: 150-1）。

二点目の「コミュニケーション技能」では、相手の話に耳を傾けるといった「言語によらない」コミュニケーション技能が重要であることを明らかにしている。また、ひどくコミュニケーションが損なわれているような顧客や、理解度にばらつきがあるようなグループに対して情報提供することは、そうでない顧客やグループに対するよりも、はるかに高いコミュニケーション技能が求められるとし、コミュニケーション技能の複雑性についても指摘している（Steinberg 1999: 151）。

三点目の「感情的な努力」は、それまで気づかれることがなかった重要な構成要素であり、顧客のニーズやそのニーズが生じる環境のタイプによって5つのレベルに区分している。そのうちの3番目に難度の高いレベルCは、日常的にやっかいな人やかなりの忍耐を要求されるような情緒に問題のある人を扱う。また、麻薬やアルコールの影響を受けているような人々を扱う、とされている（Steinberg 1999: 153-4）。

最後に「顧客の良好な状態に対する責任」であるが、看護師の職務は患者との関係を通して肉体的、心理的、経済的な福祉に影響を与えるものであり、看護師のネガティブな接し方が、顧客の良好な状態を害することにもなる。ここでは、「情報を伝える、訓練する、アドバイスする、相談にのる、教える、世話をする、顧客の行動を規制する」といったものを含む「責任」を測定するものとしている（Steinberg 1999: 154）。スタインバーグの示した感情労働を捉える四つのファクターは、ジェイムスが指摘した、他者の感情管理をいかに行うかといった方法論についての示唆を与えている。

スタインバーグの知見をもとに、田中かず子は、日本におけるホームヘルパーの感情労働を検討した（田中 2005）。首都圏のホームヘルパー600人弱と、その管理者への量的調査である。そこでは、ヘルパーの行う感情労働を四つのスキルに分類している。一つ目は自分や利用者の感情や立場を良く理解して、サービスを提供することができるスキルである「理解対応スキル」、次が利用者

に説明し、考えを伝え、説得し、利用者との関係をきちんと受け止め、目標に向かってやる気を引き出すスキルである「自立共働スキル」、三つ目がマイナスの感情を抑制し、適切な感情を維持するスキルである「感情管理スキル」、四つ目が初対面で利用者と良い関係を築き、ニーズを把握するスキルである「洞察スキル」である。このうち、「自立共働スキル」と「洞察スキル」の2つは、管理者によるヘルパー個人に対する能力評価項目である「認知症介護」「人間関係」「問題解決能力」の評価と関係し、本人の自己評価によるスキルレベルが高いと管理者による技能評価が高くなっていた。また、ヘルパー自身の「感情管理スキル」が低いほど疲労感が増加するという結果も発見している。

3-3　ケアと感情

ところで、「高齢者ケア」はこれまでも、現在も、家庭の中で担われていることでもある。そこではケアするものの感情については、どのように語られてきたのであろうか。少し長くなるが、1997年に春日キスヨが著した『介護とジェンダー』から引用する。

> 介護というのが単に清潔、健康水準を維持するための労働にとどまらず、やり始めたらとめどなく細分化された労働になる事実を、このメモが語っていたからである。健康なとき何気なく行っている身体の維持が人に委ねられるとき、それは介護する人の心と身体をとめどなく呑み込む側面を持っている。
> ―中略―
> 女性が家庭内でする家族員の生命維持に関わる労働のすべては家族への愛情行為とされ、仕事をしているとは見なされないできた。この「家族の世話をし、家族員の気持ちを汲み、その世話をする仕事」＝「情緒ワーク」は、健康な者より、無力な者、ケアを必要とする者を相手にするときほど、自らに課せられた役割に際限なくのめり込ませるような性質を持っている。なぜなら、相手の意を汲む労働とは、しょせん相手になりきることができない関係の中で、自分の感覚を相手の感覚と一体視させ、相手との距離を極小化させることが求められる労働である。例えば、歩行能力や咀嚼・嚥下能力など基本的な生活能力が失われた人に、その能力を回復させようとすれば、自分の身体感覚に照らして相手の身体の状況を読み取り、その要求を喚起し相手の身体感覚を再覚醒さ

せるといった、介護者と要介護者間に心身一如の関係があることが要求される。症状の軽重を問わず、身体と精神の維持に関わる介護労働は、そうした側面をともなっている。

　したがって、職業としてでなく、そうした活動が家族員としての愛情から担われる場合、自立的・自己限定的に相手と自己を切り離し、距離を置く力を介護者が持たない場合は、相手のペースに飲み込まれ、自分の判断基準を失っていくことになりやすい。そのことは、世間が役割として要求してくる「世間の目」にとめどなく自分を一体化し、「世間」から期待される役割に照らして「まだまだ尽くし足りないんじゃないか」と自分を責め、不充足感に苛まれる自分につながっていく。（春日 1997: 75-77）

ここでは、家庭内介護といういわば私的生活において、「世間の目」という感情規則に沿った没我的な「感情作業」をすることの危険性が指摘されている。そして、「ケアする」という行為そのものが、「相手の意を汲む労働」であり、「自分の感覚を相手の感覚と一体視させ、相手との距離を極小化させることが求められる労働である」と、ケアには「感情作業」が不可欠であることを述べているのである。

本研究で焦点をあてるユニットケアの現場は、小規模化した中で「家庭的」をめざすケア形態である。ここで春日が指摘した「情緒ワーク」は、ホックシールドの言う「感情作業」であるが、ユニットにおいては賃金と交換される「感情労働」へと性格を変えているのである。

4　フィールドでの発見

4-1　フィールドワークの概要

本節では調査開始当初の、小規模化された認知症ケアの現場でケアワーカーが実際どのような働き方をしているのだろうかといった漠然とした疑問について、分析すべき課題を発見し、かつそれに答えていく素材を得たフィールドワークの概要を説明する。

本稿の考察は、小規模化された認知症ケア現場で働くケアワーカーへのインタビューと4施設での観察からなるフィールドワークから得たデータをもとに

している。インタビューに関しては、許可を得た上でほぼすべてのケースについて録音し、後に逐語録として書き起こした。また観察については、メモ書きからフィールドノーツを作成した。

このフィールドワークは大きく2つの時期に分かれている。第1段階では個々のケアワーカーの体験に焦点を当てており、第2段階では実際の労働過程を明らかにすることに焦点を当てた。最初から2段階に分けた調査計画を立てていたわけではなく、仮説生成的に第1段階の調査から抽出された課題をさらに明確にするために、第2段階の調査を行ったという形である。フィールドワークは「データの収集」「問題の構造化」「データの分析」という3つの作業が同時進行するものである。箕浦康子は、「螺旋状に位相をずらしながら、密度を高めて絞り込みながら積層的に上に昇っていくイメージ（箕浦 1999: 7）」と表現しているが、本調査においても前半では「問題の構造化」の要素が強く、後半には「データ分析」中心の局面に移行している。

第1段階

第1段階のフィールドワークは、「小規模化された認知症ケアの現場で、ケアワーカーは実際にどのような働き方をしているのだろうか」といった漠然とした問いのもとで開始した。ここでの目的は仮説生成的に、利用者との関係や職員同士の相互作用が大規模処遇のそれとどのように異なっており、どのような点で類似しているのかといったことについて整理し、ケアワーカーの体験としてのエピソードを収集していくことであった。

具体的には、新型特養での2007年3月から2008年12月までにわたる週2時間の観察と、2007年1月～12月に新型特養やユニットケア実施介護老人保健施設[7]で勤務している新人を中心としたケアワーカーからの聞き取りを不定期で行った。小規模ケアの現場と従来型の相違を明らかにする目的で、従来型施設で勤務する新人ケアワーカーや、同じく小規模化されている認知症対応型共同生活介護事業所で勤務する新人ケアワーカーの聞き取りも並行して行った。

表0-1がインタビューの対象者一覧であるが、第1段階の調査においてはA～M氏の13名にインタビューに応じていただいた。そのうち11名（A～K氏）は、介護福祉士養成学生時代から関わりの深かった人たちであり、学生時代に認知症の人との関わりにおける「自己の揺らぎ」について調査に協力して

表 0-1　インタビュー対象者

氏名	性別	年齢	インタビュー時の経験年数	勤務先
A	女	20	就職直前から3年まで	ユニット実施　介護老人保健施設
B	女	20	就職直前から3年まで	新型特養
C	女	20	就職直前から1年半まで	新型特養
D	女	20	就職直前、9ヶ月	ユニット実施　介護老人保健施設
E	女	20	就職直前、9ヶ月	新型特養
F	男	28	就職直前、9ヶ月	従来型　特別養護老人ホーム
G	男	20	就職直前、6ヶ月	新型特養
H	女	23	3年	ユニット実施　介護老人保健施設
I	女	28	5年	従来型　介護老人保健施設
J	女	20	就職直前から2年まで	認知症対応型共同生活介護事業所
K	女	20	就職直前から2年まで	新型特養
L	男	63	1年	新型特養
M	女	28	8年	従来型ユニット実施　特別養護老人ホーム
N	男	27	3年	新型特養
O	女	23	3年	従来型　介護老人保健施設
R	男	23	3年	従来型　介護老人保健施設
S	女	23	3年	従来型　特別養護老人ホーム
T	男	30	10年	認知症対応型共同生活介護事業所
U	女	25	5年	認知症対応型共同生活介護事業所

＊年齢はインタビュー当時もしくは、開始時。
＊L氏は会社員として定年退職後、介護福祉養成校へ入学し卒業後就職した。
＊F氏、N氏は会社員として勤務後介護福祉士養成校へ入学し卒業後就職した。

くれた人たち（A～G氏）を含んでいる。L氏は「認知症の人と家族の会」の活動を通して、M氏は実習指導者として知り合いインタビューに応じていただいた。

　インタビューはあらかじめおおよその質問項目を口頭で伝え、録音の同意を得た上で、原則的に自由に語ってもらうといった半構造化面接の形式をとった。A～G氏とJ氏、K氏の9人には、就職先施設を選んだ理由や就職後の抱負について、卒業前に第一回目のインタビューを行い、就職後半年を目安に二回目のインタビューを行った。彼らが就職した施設はF氏、J氏を除き、ユニットケア実施の特別養護老人ホーム、介護老人保健施設のいずれかであったが、ユニットケア実施施設にこだわって就職先を探したという人はおらず、見学してみた結果「いいケアができそうだから」という理由でユニットケア実施施設を選んでいた。

ここで、インタビュー対象者が介護福祉士を目指して学習を重ねた若者であるという事実だけではない、彼らの特性について紹介したい。フィールドワーク開始に先立って行った予備調査（2006年）がある。インタビュー対象者A～G氏の学生時代に行った、実習中に感じた学生の「自己の揺らぎ体験」に関する調査と、実習における感情労働測定尺度調査である。

　それによると、実習中の学生自身の「自己の揺らぎ体験」としては、汚れたおむつや排泄物に感じる「生理的不快」といった、自らのアイデンティティが傷つかず比較的容易に自己意識を組み換えることのできるレベルのものもあれば、利用者からの「無視」「拒絶」といった学生自身が深い傷つきを体験するレベルのものもあった。そのような場面における彼らの対処行動は、基本的に「ケア倫理に基づき利用者側の感情理解をする」、さらに「状況を客観的・論理的に考える」「職員に助けを求めた上で助言をもらう」といった自己意識の組み換えや感情操作、状況操作によって利用者との関係を継続させ、ケアリングが継続される方向で対処されていた（岡 2008）。

　また、感情労働測定尺度調査では片山由加里らの開発した「看護師の感情労働測定尺度」（片山ほか 2005）を、介護福祉士養成学生に分かりやすいように表現を修正して用いた。その結果によると、実習学生は成人系一般病棟で勤務する看護師と比較しても、すべての項目で高い得点を示していた[8]。これらのことから言えるのは、インタビュー対象としたケアワーカーは、少なくとも学生時代においては、ケアリングを遂行するためにその場にふさわしい感情を感じ、かつ表出しようと一生懸命努力していた人たちであるといえる。

　第1段階のインタビューにおいて明らかになったことは、以下のとおりである。それは、ユニットケア現場といっても、施設によってシステムや利用者像（認知症の深さや身体的自立度、また社会的背景など）といった背景はさまざまであった。しかし、共通して語られたことは、制度開始当初にアピールされたような「一緒に家事をする」といった穏やかな光景ではなく、認知症の人のゆらぎに振り回されながら自分自身を立て直し、彼らのニーズに応えようとするケアワーカーの業務遂行の困難さであった。例えば、日中、勤務者が1～2人しかいないユニットで、同時に表出される複数の利用者の要求にどう応えるのかとか、交代要員がいない中で利用者との関係が煮詰まったり適切なケアが提供できなかったりしたといった苦しさとかである。一方で、従来型大規模施設で

表 0-2　調査施設の概要

特性	ユニットケア実施施設				従来型大規模処遇施設	
施設種別	介護老人保健施設	特別養護老人ホーム			介護老人保健施設	特別養護老人ホーム
施設名称	アオギリ園	トチノキ園	シラカシ園	クロマツ園	クスノキ園	ネムノキ園
開設年	平成16年	平成16年	平成18年	平成17年	平成6年	平成7年
事業主体	医療法人	社会福祉法人	社会福祉法人	社会福祉法人	医療法人	社会福祉法人
定員	100人	60人	60人	60人	100人	70人
平均要介護度	3.12	4.02	3.44	4.3	3.59	3.74
備考	4ユニット×3フロア	3ユニット×2フロア	2ユニット×3フロア	4ユニット×1、2ユニット×1フロア	50人×2フロア	35人×2フロア
	系列法人による広い事業展開		系列法人による広い事業展開	同一法人による地域内事業展開	系列法人による広い事業展開	ケアハウス併設

勤務する友人と情報交換したところ、自分の勤務するユニットの方が勤務は厳しいけれど、利用者に対して「まだましな」ケアを提供できていると思うといった自負の語りがなされたことも共通していた。それらのことは、同時期の新型特養での観察によっても観察されたことであった。

　すなわち、小規模化された認知症ケア現場で勤務するケアワーカーたちは、同時に起こる複数の認知症の人の自尊心の揺らぎをどう支えるかといったことについて、身体介助や様々な日常生活支援を通して心を砕いており、一人でそれらを引き受けなければならないことでより困難性が増しているのではないかと捉えることができたのである。それは、自らの感情管理のみならず、利用者の情緒的安定をどのように支えるかといった複雑な「気づかい」としての労働を、肉体労働や頭脳労働と同時に行っているということである。

第2段階

　第1段階のフィールドワークから抽出された、ケアワーカーたちが小規模化された認知症ケアの現場で抱えている課題、すなわち同時期に複数の利用者への対応を余儀なくされる状況の中で、利用者の自尊心の揺らぎをどう支えるかといった点に焦点をあてたのが第2段階のフィールドワークである（表0-2）。ここでは、自己の感情管理と利用者の適切な感情状態の維持を図るといった労働が、実際の労働過程においてどうなされているかということについて詳細に

みていこうとした。

　2008年1月からインタビューにおいて、労働過程に焦点をあてた聞き取りを始めた。この時期に集中的に聞き取りを行ったのは、アオギリ園に勤務するA氏、シラカシ園に勤務するB氏であった。また、インタビューで語られた現実に身を置きたいと考え、ケアワーカーの勤務体制に合わせ1施設当たり最低24時間の観察を行った。この観察はユニットケア実施の介護老人保健施設アオギリ園、特別養護老人ホームトチノキ園、従来型大規模処遇の介護老人保健施設クスノキ園、特別養護老人ホームネムノキ園、計4施設で行った。これは、制度上も性格を異にする介護老人保健施設と特別養護老人ホームについて、それぞれユニットケア実施施設と従来型大規模処遇施設の比較を行うことを目的として選定したものである。

　開始にあたっては、アオギリ園、クスノキ園、ネムノキ園については調査目的を口頭にて伝え、特定したケアワーカーの了解を得たうえで当該施設の施設長に書面にて調査協力の依頼をした。トチノキ園についてはまず施設長の了解を得たうえで、施設長よりケアワーカーの紹介をいただいた。時期は2008年3月〜2009年8月である。方法としては、特定のケアワーカーの勤務に付き添い、その労働の内容を1分間タイムスタディ法に従いメモに取った。利用者との間や職員同士でなされる会話や非言語的コミュニケーションについても可能な限りメモに取ることを心がけ、メモからフィールドノーツを作成し、同時にNHKの生活時間調査の手法を用いて整理した。

　4施設での労働内容・労働過程を比較すると、ユニットケア実施の施設では食事の準備や後片付けといった「疑似的家事労働」領域が誕生しており、ユニットらしさといわれる「家庭的な」雰囲気をつくりだしていた。さらにコミュニケーションにおいては、従来型施設が流れ作業重視の一方向的な言葉かけであったのに対し、ユニットケア実施施設では個別対応で双方向のコミュニケーションが行われていた。こういった労働内容の広がりや、ニーズに合わせた個別対応はケアワーカーの労働過程を複雑にし、「ながら遂行型」ともいえる一定時間のうちに重層的に多様な作業を行う形に変化させていた。

　トチノキ園で観察された重度の認知症の人とケアワーカーの相互作用について考察を進める中で、重度の認知症の人の入所する認知症対応型共同生活介護

事業所（通称：認知症グループホーム）で、日本において指導的立場にあるハルニレ園のケアワーカーT氏、U氏へのインタビューを追加して行った。ケアワーカーの労働過程に焦点をあてた第2段階のフィールドワークであったが、新たに、重度の認知症の人への関わりにおいて感情労働は不在になるのか、といった論点が抽出されたためである。T氏、U氏からの聞き取りにより、「感情労働」といった概念では捉えきれない「身体接触による感受、あるいは交流」といった新たに立ちあがっている現象について検討する必要性が示された。このことは、今後の認知症ケアにおいては避けて通れない重要な主題であるが、本稿で考察するまでには至っていない。今後の課題とする。

最後に、「疑似的家事労働」がユニット労働を複雑にしているのか否かということを明らかにすることを目的として、調理員をユニットに配置することにより、ケアワーカーの「疑似的家事労働」を減少させたクロマツ園でのフィールドワークを追加した。この調査からは、たとえ家事が免除されたとしても、ケアワーカーは利用者とより濃密な関係を取り結び、より高い水準のケアを提供しようとするため、労働軽減にはつながっていないことが判明した。それと同時に、施設管理者の姿勢がユニットケアの質を左右することも示唆された。

4-2 「ながら遂行型労働」と感情労働の深まり

本研究において、フィールドワークを通して明らかになった事実は以下のとおりである。まず、利用者の立場からユニットでの生活をみると、かつてに比べて確実に自由度が増しその人らしく生きることが可能になっていた。ユニットには、生き生きとした利用者の自己主張があり個性があった。しかしその〈脱－アサイラム〉的状況も、利用者の自己主張能力に応じて変化するという側面も観察された。

次にケア労働領域の変化としては、小規模化したケア現場において「疑似的家事労働」と名付けた領域の労働が誕生していた。従来型大規模処遇においては、他職種によって分担されていた家事的な労働をユニットでケアワーカーが担うようになっていたという変化である。例えば、従来型大規模処遇であれば、個々人の名札が付けられた個別の食膳が厨房から運ばれ、食事の終了とともに厨房へ下膳されていたものが、ユニットでは米飯を炊き、鍋に入った状態で運ばれてくる副食を盛り付け、食後は食器を洗って収納するといったことまでが

ケアワーカーの労働として規定されていたのである。これは、ユニットケアがめざした「なじみの関係」「家庭的な雰囲気」といった小規模化された認知症ケアの核となる部分に関連しており、施設によって「疑似的家事労働」の内容に若干の差異があるものの、「ユニットごとにしつらえたキッチンでケアワーカーが家事をする」といった演出は共通していた。キッチンを備えたリビングがユニットのおおむね中央に配置されているというユニットの構造も共通しており、ケアワーカーはリビングを起点にその時々の利用者の個々のニーズに対応する形で、リビングと各室を往復しながら労働を進めていた。

　また労働のなされ方といった側面からみると、従来型大規模処遇においては、基本的な一日の生活はスケジュール化されており食事の時間、排泄介助の時間、入浴介助の時間といった形で「流れ作業的」にケアが提供されていた。それに対してユニットでは、個々の利用者のその都度のニーズに対応しようとするため、食事開始時間や入浴時間が便宜的に設定されている程度で自由度が高くなっていた。すなわち、利用者の状態や訴えに応じてケアワーカーの労働内容が変化するということが日常的に起こっているということである。一例をあげると、食事の用意ができても食卓に着こうとしない利用者に対して、食事の時間を遅らせ、後で食事を温め直し提供するといったことである。こういった形で利用者のニーズに個別に対応しようとすることは、ケアワーカーの労働としては非効率的な方法をとらざるを得ない。結果として、ランダムに多様な種類の労働をしながら、ユニットの一日の流れの中で自らの労働を随時、組み立て直している現実があった。こういった労働の進め方を「流れ作業」に対し「ながら遂行型労働」と名付けた。

　ユニットでは、1〜2人のケアワーカーで10人程度の利用者のケアを担っている。夜勤帯であれば、1人で2ユニット20人を担当することとなる。代替者がいない、相談する相手がいないといった孤独と重責の中で、利用者とケアワーカー間のみならず、複数の利用者間の関係において、ケアワーカー自身の感情管理をしながら、個々の利用者の中にニーズに応じた適切な感情を創り出すといった複雑な気づかいがなされていた。それは、利用者の身体的自立度が高く認知症が軽い、かつ経済力が高く、結果として利用者の自己主張能力が高いといったユニットで顕著に観察された。こういった労働はホックシールドが提唱した感情労働概念を含みはするが、より深い次元のものであると考えられた

ので、新たに「気づかい労働」と名付けた。

　ユニットにおける「気づかい労働」は、「ながら遂行型労働」という労働形態によって充足されていた。その都度の身体的ケアや「疑似的家事労働」といった肉体労働・頭脳労働と「気づかい労働」としてのコミュニケーションを伴う行為が重層的、同時並行的になされていることがユニットにおけるケア労働の特質であるといえる。

5　本研究の意義——「ながら遂行型労働論」の提起

　本研究ではユニットにおけるケア労働について、介護保険制度が開始されて10年前後の時点での労働内容、労働過程の変容について明らかにした。比較的自己主張能力の高い利用者が暮らすユニットでみた生活においては、従来型大規模処遇におけるケアワーカーと利用者の非対称的な権力構造とは違い、利用者とケアワーカーの相互作用過程によって再帰的にケアワーカーの労働過程が形成されるといった形をとっていた。それは、相互作用における利用者の反応によって文脈依存的に、即時的に、ケアワーカーが労働を組み直していくといった変化である。

　そこでの利用者とケアワーカーのコミュニケーション様式についても、ユニットでは従来型のそれと比べ全く異質なものが見られるようになっている。利用者とケアワーカーの相互作用過程によって、再帰的にケアワーカーの労働が形成されるという側面は、身体介助や「疑似的家事労働」のみではなく、いかに利用者の自尊心を支えるかといった新しい認知症ケアの倫理にそった、ケア労働の心理的側面にも当てはまることだからである。

　このことは、研究の文脈からいうとホックシールドの提唱した感情労働の文脈で論じられていたものである。ホックシールドが自己疎外といった側面から感情労働論を展開し、のちにパム・スミスによって看護師の行う感情労働はケアリングの成否にかかわるといった形で捉え直されている。ユニットにおけるケアワーカーの労働については、春日が「ホックシールドのいう『感情労働』がより強化される方向への変化」（春日 2003: 220）と指摘しているが、さらに、本研究で明らかにした「ながら遂行型労働」という形の中でそのことが現象していると主張したい。

それは、認知症の人の自尊心を支えるといった、認知症ケアとしての本質的なかかわりは単独にそれだけで提供できるものではなく、24時間の生活を共にするといった日常生活支援の中で、その都度の身体的ケアや「疑似的家事労働」、さらに自らの労働過程を組み立て直すといった、肉体労働・頭脳労働と、「気づかい労働」が重層的、同時並行的になされる「ながら遂行型労働」という形でしか提供しえないものなのである。こういったユニットでのケア労働は新しい形の労働と言えるのではないだろうか。

6　本稿の構成

　本稿では、小規模化されたユニットケア現場におけるケアワーカーの労働を詳細に見て行くことで、労働内容、労働過程の変質を明らかにした。
　第1章では、その背景となる認知症ケアに関する理念的変遷を紹介し、ユニットで働くケアワーカーたちがもつ理念的規範や、ケアワーカーや施設に対する社会の要請を確認した。また、従来型大規模処遇やユニットでのケアワーカーの働き方、およびそれらについての調査や論考についても言及している。これは、フィールドワークで見出したことを考察するための文脈や背景の検討である。
　第2章、第3章がフィールドワークで見出した事実である。第2章ではユニットケア実施施設2か所と従来型大規模処遇施設2か所において、ケアワーカーの労働内容についてタイムスタディ調査の上、NHKの生活時間調査の方法で記録し、その労働内容・労働過程を比較した。ここで見出されたのは、従来型施設で勤務するケアワーカーが、その日の役割分担にしたがって効率的に同種の作業をまとまった時間続ける（たとえば、排泄介助に関連することのみを1時間続ける）といった労働の進め方をしているのに比べ、ユニットでは利用者の要求や必要に応じて多様な労働をランダムに行っていたということである。「ながら遂行型労働」の発見である。さらに、従来型では他職種によって分担されていた「疑似的家事労働」領域がケアワーカーの労働内容として規定されていた。「疑似的家事労働」や身体介助を「ながら遂行型」に行いながら、利用者とのコミュニケーションにおいては従来型に比べ、膨大な量の双方向的な組み合うコミュニケーションが成されていた。

また、労働編成としての勤務表の分析を行うことで少人数のケアワーカーが「ながら遂行型」に労働を行う背景を検討した。
　第3章では、観察とインタビューによりユニットにおけるコミュニケーションについて検討した。身体的自立度が高く、認知症の程度が軽いといった自己主張能力の高い利用者が生活するユニットにおいて、利用者とケアワーカーの相互作用、利用者と利用者の作りだす関係性とケアワーカーによる関係調整といった部分についての事実を明らかにしている。ここでは、ケアワーカーが自己の感情管理をするといったことだけではなく、利用者の中に適切な感情を生み出すよう、細心の注意をもって利用者の感情へ働きかけをしていた。こういった労働はホックシールドの感情労働概念を超える部分を含んだ「気づかい労働」である。
　さらに、「気づかい労働」を伴う身体労働、頭脳労働が厳しい労働環境の中で「ながら遂行型労働」としてなされていることを示した。
　終章では、第2章、第3章で明らかになった事実を基に「ながら遂行型労働」について考察を深めた。また、利用者の重度化に伴って、家族や管理者からのケアワーカーに対する統制が適切に作用しない場合、ルーティン化した〈作法としての寄り添い〉といった状況が起こっていた。さらに、ユニットにおける労働そのものが、より家事労働の特性である評価されない、競争にさらされないといった傾向を強めていたことを述べている。ユニットケアで求められている「ケアワーカーが利用者と《人》として出会うということ」についての成否は、利用者（家族）・ケアワーカー・管理者の相互統制のありようが影響していると考えられた。そういった「出会い」に基づいて「気づかい労働」は展開されるが、それは、身体介助や「疑似的家事労働」を「ながら遂行型」に行うことで成り立っていた。
　次に、従来から存在したケアのスキルとしての「ながらケア」と、今回発見した「ながら遂行型労働」の相違を明確にしたうえで、「介護労働」「疑似的家事的労働」とともに慎重に細やかに提供される「気づかい労働」が、「ながら遂行型労働」の構成要素であることを示した。そして、ユニットを支えるためには同時並行的、重層的な「ながら遂行型労働」という労働編成しかとりえないということについても述べている。こういった知見からユニットにおける労働は「感情労働」のみでも説明できないし、「責任労働」という表現も不適切

であることを示した。

　最後に、フィールドワークを通して疑問を感じながら、今回は考察するに至らなかった課題を提示した。それは、重度化の進んだユニットにおいて、どのような形でケアワーカーは利用者と出会えるのかといった問題であり、これは、今後利用者の重度化が進む中で重要な視座であろう。また、ケアワーカーが日々の複雑で高度な労働を成し遂げ、かつ自己維持していくための支援についての検討である。

　補遺では、一連のフィールドワークを終了させたのちに、各ユニットに調理員を配置した新型特養で調査をする機会を得た。これによって、家事を他者によって分担された場合、ケアワーカーの労働の過酷さは軽減されるのかといった点からの検討を加えることができた。

［注］
1）都道府県および政令指定都市が実施主体となる「痴呆介護実務者研修」は、平成18年から「認知症介護実践研修」と名称を変え、全国的に実施されている認知症ケア実践者の研修である。ここで使用されるテキストの「はじめに」（長谷川2006）には、「対象者の内的体験を聴く感性」、「個人のもっている感性が重要なレセプターの役」という表現で「感性」を持ち、育て、磨きをかけることの重要性が述べられている。
2）介護保険制度の開始とともに、施設サービスのほか、ショートステイやグループホームといったサービスにおいて、認知症などの高齢者をベッドや車いすに縛りつける、部屋から出られないように閉じ込めるといった身体拘束が原則的に禁止された。本人または他の入所者などの生命や身体に危険が及ぶなどの「緊急やむをえない場合」以外は、身体的な拘束その他の行動の制限を行ってはならないとされている。
3）認知症対応型共同生活介護は、介護保険法制定当初「居宅サービス事業」に位置づけられていたが、2006年の改正により新たに設けられた「地域密着型サービス」に変更された。これに併せて従来都道府県が行っていたこのサービス事業の指定・監督などをより身近な市町村が行うこととされた。認知症対応型共同生活介護は、認知症の人たちが共同生活住居において家庭的な環境の下で、利用者の有する能力に応じ、365日24時間のケアを提供することによって、住み慣れた地域で生活し続けられるように支援することを目的としている。共同生活住居（ユニット）が一つの単位であり、1事業所のユニット数は1または2、1ユニットの定員は5人以上9人以下と定められている。居室、居間、食堂、台所、浴室、消火設備その他非常災害に際して必要な設備や利用者が日常生活を営む上で必要な設備を設ける。全室個室の居室の床面積は7.43㎡以上、居間と食堂は同一場所でよい。職員配置基準としては、介護従事者、計画作成担当者、管理者、代表者を置かなければならない。介護従事者は、利用者数が3、またはその端数を増すごとに1以上とする。夜間・深夜の時間帯については

1人以上。計画策定担当者、管理者は、ユニットごとに1人である。
4) 新型特養とは、老人福祉法に規定される特別養護老人ホームのうち、「ユニット型特別養護老人ホーム」を指す。その全部において少数の居室および当該居室に近接して設けられる共同生活室（当該居室の入居者が交流し、共同で日常生活を営むための場所）により、一体的に構成される場所（ユニット）ごとに入居者の日常生活が営まれ、これに対する支援が行われる。介護保険法に規定される指定介護老人福祉施設となりうる。
5) プライマリーナーシングとは、「受け持ち看護師制」とも呼ばれ、1人の看護師が患者が入院してから退院するまでの全期間を受け持ち、看護計画、ケア実施、評価を行う看護方式である。1970年代にアメリカで始まったとされる。これに対して、資格・経験の異なる人たちが一つの看護チームを組み、チームリーダーが中心となって看護計画を立て、カンファレンスを開き、業務遂行の監督を行う方法をチームナーシングという。チームナーシングは効率的な看護、プライマリーナーシングは継続的な看護を特徴とするといわれる。
6) スタインバーグは、看護師の職務を中立的に評価するための要は、まずGNJES（ジェンダーに中立的な職務評価システム）が、技能、努力、責任、労働条件の4つの側面をより詳細にとらえる17のファクターあるいはカテゴリーによって満たされるよう設計されなければならないことを確認する。そのカテゴリーは、次のとおりである。
〈技能ファクター〉教育訓練、技能の更新、技術的な熟練、組織固有の知識、対人関係技能、コミュニケーション技能、肉体的な技能
〈努力ファクター〉問題の複雑性、肉体的要求に対するもの、精神的要求に対するもの、感情的要求に対するもの
〈責任ファクター〉企画立案・組織化・開発などの調整・監督、情報や資源に対する責任、顧客・居住者・患者・また市民の良好な生活に対する責任
〈労働条件ファクター〉労働環境、危険、仕事における重圧・ストレス
7) 介護老人保健施設とは、介護保険法を根拠とする施設であり「要介護者に対し、施設サービス計画に基づいて看護、医学的管理の下における介護及び機能訓練その他必要な医療並びに日常生活上の世話を行うこと」を目的としている。特別養護老人ホーム（介護老人福祉施設）が「終の棲家」という性格をもっているのに比べ、病院と在宅の中間施設としての役割を担っている。

設置指定基準として、療養室は定員4人以下で1人当たり8㎡以上、診察室、機能訓練室、談話室、食堂、浴室などを備えることとされている。職員に関しては、①医師は常勤換算方法で、入所者の数を百で除して得た数以上、②薬剤師は介護老人保健施設の実情に応じた適当数、③看護師若しくは准看護師（以下「看護職員」）又は介護職員（以下「看護・介護職員」）は、常勤換算方法で、入所者の数が3またはその端数を増すごとに1以上（看護職員の員数は看護・介護職員の総数の7分の2程度を、介護職員の員数は看護・介護職員の総数の7分の5程度をそれぞれ標準とする）、④支援相談員は1以上（入所者の数が100を超える場合にあっては、常勤の支援相談員1名に加え、常勤換算方法で、百を超える部分を百で除して得た数以上）、⑤理学療法士、作業療法士又は言語聴覚士は常勤換算方法で、入所者の数を100で除して得た数以上、⑥栄養士は入所者定員100以上の介護老人保健施設にあっては、1以上、⑦介護支援専門員は1以上（入所者の数が百またはその端数を増すごとに1

を標準とする)、⑧調理員、事務員その他の従業者は介護老人保健施設の実情に応じた適当数、と定められている。
8) アンケートに回答した学生は、60人(男性12人、女性48人)であった。年齢としては18～20歳が95%を占めた。実習施設は、特別養護老人ホームが32人(53.3%)、老人保健施設が18人(30.0%)、身体障害者療護施設が5人(8.3%)、重症心身障害児(者)施設が5人(8.3%)であった。

学生自身が行った感情コントロールについての回答形式は「行わなかった」から「いつも行った」までの5段階である。尺度の項目数と配点は、「探索的理解:適切な感情の表現方法を探しながら対象者への理解を示す行為」(10項目、10～50点)、「表層適応:適切な感情を装う行為」(5項目、5～25点)、「表出抑制:感情を抑えたり隠したりする行為」(5項目、5～25点)、「ケアの表現:ケアの動作によって適切な感情を伝えようとする行為」(3

表 X0-1 感情労働尺度項目ごとの得点

	項目	学生が行ったか				参考)看護師
		初回実習		参考)2年生		
		平均得点	得点(M ± SD)	平均得点	得点(M ± SD)	得点(M ± SD)
探索的理解	1 相手の立場になって考える	3.90	36.23 ± 5.7	4.40	41.54 ± 4.8	34.6 ± 7.0 配点 10～50点
	2 その場に応じた感情の表し方を探す	3.67		4.35		
	3 どんな利用者にも共感しようとする	3.95		4.35		
	4 利用者のための雰囲気づくりをする	3.58		3.93		
	5 利用者の感情に敏感になるようにする	3.63		4.25		
	6 利用者の感情を理解することを大切にする	3.98		4.58		
	7 緊張感をもって自分の役割を持続させる	3.82		4.25		
	8 期待されるケアリングを提供する	2.83		3.68		
	9 次分が相手に示している感情に注意を払う	3.82		4.21		
	10 利用者が自分に期待していると思う感情を示す	3.05		3.54		
表層適応	11 何も感じていないようにふるまう	2.78	14.50 ± 3.7	3.07	15.40 ± 4.7	11.4 ± 3.8 配点 5～25点
	12 驚いたり緊張したりするふりをする	2.83		2.81		
	13 喜びや親しさなどの肯定的感情を装う	3.25		3.25		
	14 悲しさやつらさなどの否定的感情を装う	2.53		2.77		
	15 強い感情ではなく心が穏やかであるふりをする	3.10		3.51		
表出抑制	16 自分の気持ちを面(表情)に出さないように気を引き締める	3.42	15.62 ± 3.6	3.74	16.75 ± 3.9	13.6 ± 4.8 配点 5～25点
	17 不安や怒りなどの否定的感情を隠す	3.43		3.84		
	18 驚いたり緊張したりしてもその気持ちを隠す	3.05		3.14		
	19 おかしさや嬉しさなどの肯定的感情を隠す	2.38		2.33		
	20 状況によっては自分の感情を抑えようとする	3.33		3.70		
ケアの表現	21 自分の口調や表情やふるまいを意識する	3.62	10.05 ± 1.9	4.18	12.11 ± 2.2	10.2 ± 2.6 配点 3～15点
	22 口調や表情やふるまいによってケアを表わす	3.28		4.07		
	23 利用者との関係によってケアの表し方を調節する	3.15		3.86		
深層適応	24 心に感じていることとの違いを自覚しながら感情を表す	3.17	10.28 ± 1.9	3.72	11.14 ± 2.1	8.7 ± 2.6 配点 3～15点
	25 無関係なことでも関心を持とうとする	3.77		4.07		
	26 期待される感情を心の中でイメージする	3.35		3.35		
	総得点		86.68 ± 12.4		96.95 ± 12.6	78.5 ± 14.7

項目、3〜15点)、「深層適応:適切な感情を創り出そうとする行為」(3項目、3〜15点)であり、高得点であるほど感情労働が多いと説明されている。

　学生が行った感情労働について尺度ごとに集計したものが表である。参考のため、2006年12月に同一養成課程の最終現場実習(4週間)を終えた2年生57人に同調査を行ったのが、表の「参考)2年生」である。初回実習の1年生に比べ、総得点はさらに高くなっている。片山らの行った成人系一般病棟に勤務する294人の看護師を対象とした調査では、総得点は78.5 ± 14.7(M ± SD)であり、それと比較すると今回の学生の得点は高い。下位尺度をみてもほとんど学生の得点の方が高かった。

第1章

認知症ケアの現在

　本稿は現代日本の介護福祉施設、それも認知症の人たちが少人数で生活するユニットケアの現場において、ケアワーカーが利用者とどのような相互作用を展開しながら、どのような労働を行っているのかといった点を考察対象としている。そこで、本章ではその背景となる認知症ケアに関する理念的変遷を紹介し、ユニットで働くケアワーカーたちがもつ理念的規範や、ケアワーカーや施設に対する社会の要請を確認する。また、従来型大規模処遇施設やユニットでのケアワーカーの働き方、およびそれらについての調査や論考についても言及する。

　認知症の人たちが社会によってどのようなまなざしを向けられ、どのように扱われるかといったことは、その社会が認知症についてどういった類型的な知識を共有しているかということに影響される。私たちは認知症に関する類型的な知識をモデルに、彼らを理解しようとしている。ここでいう類型とは、私たちが社会的意味世界において、他者を理解していく際に参照する社会的に流通しているカテゴリーを指している（奥村 1998: 218-58）。

　したがって、本章では現代社会における認知症理解の枠組み（類型）を確認する作業を通して、一つは考察対象とするケアワーカーたちが自ら規範としている姿がいかなるものかということについて確認する。さらに、顧客としてサービスを購入している利用者や利用者家族を含めた社会一般が介護福祉施設サービス、その最前線で出会うケアワーカーたちに何を要請しているのかということについて明らかにすることができる。すなわち本章の目的は、小規模化された認知症ケアにおいて、ケアワーカーが自律的にも他律的にも強い規範で縛られているといった理念的背景と、考察のための文脈を確認することである。

1　認知症ケアのパラダイム転換

　急速な勢いで高齢化が進む日本にあって、「ゴールドプラン21」[1)]以降の新たな高齢者福祉の方向性を示すものとして、2003年6月に示されたのが「2015年の高齢者介護」である。厚生労働省老健局長の私的研究会として、求められる高齢者介護の姿を描き、戦後のベビーブーム世代が高齢者になりきる2015年までに行われるべき方策を提言したものである。この報告の革新的な点は「高齢者の尊厳を支える」ために、新しいケアモデルとして認知症の人へのケアを据え、それを標準モデルとしたところである。

　その背景のひとつには、要介護高齢者のほぼ半数に認知症の影響が認められ、今後後期高齢者数の増大とともに認知症の高齢者数も増大するという人口学的な事実があった。そしてもうひとつには、それまで対応が困難であると考えられていた認知症の人へのケアにおいても、系統的・組織的なケアへの挑戦が、グループホームという形で一部の民間有志によって始められ、一定の成果を見せていたことがあげられる。

　認知症の行動・心理症状（BPSD : behavioral and psychological symptoms of dementia）をどのように理解するのかといった点では、報告書が出される直近の10年で大きなパラダイムの転換があった。それまで「人」としての尊厳を剥奪され、収容の対象であったり拘束の対象であったりというように「モノ」扱いされてきた認知症の人たちであるが、1990年代後期からの認知症のためのグループホームケア実践により、認知症があってもケアの環境によっては、その人らしさを保ち続けることが可能であるということが見出されたのである。

　認知症の行動・心理症状（以下BPSDと表記する）をどう理解するかといった点については、介護に関する教科書類での記述が端的にその変化を映し出している。1988年発行の介護福祉士養成テキストによると、認知症の構造は図1-1のように説明されている。当時は、中核症状・周辺症状という症状の構造化[2)]がなされておらず、記憶の障害、知的障害、人格的障害、感情的障害、行動面の障害は一括して「痴呆（ぼけ）症状」と記述されていた（室伏1988）。

　1999年の石倉康次の著作では図1-2のように説明されている。図に示された「第二のレベル」を「中核症状」、「第三のレベル」を「周辺症状の基盤」と説

図 1-1　痴呆の構造（文献 [室伏 1988] より作成）

第一レベル	第二レベル	第三レベル	第四レベル
健康な部分	健康な部分	健康な部分	ノーマルな部分
原因疾患	記憶障害	判断力障害	生活・社会関係障害

図 1-2　痴呆による障害の 4 つのレベルと相互関係（石倉 1999: 9）

明しているが、まだそれぞれは並列して描かれている（石倉 1999: 9）。

　それが、2002 年の永田久美子の著作では図 1-3 が示され、脳の機能損傷から生じる中核症状が、周辺症状やさらにパニックを引き起こしていく過程には、内的・外的環境を整えるべきケアの不適切さが介在していると説明された（永田 2002 b: 54-7）。

　2001 年より各都道府県ならびに政令指定都市によって全国 3 ヶ所で、認知症ケア現場のリーダー養成が行われている[3]。現在、そこで用いられている認知症介護実践研修テキストにおいては図 1-4 のように提示されている（中島ほか編 2006:19）。

　すなわち、「認知症の基本障害」までは、認知症という疾病に直結し、「認知世界のズレと不連続性」が起こるが、それに対して適切な環境の提供と適切な対応がなされないならば、誰であっても「問題となる行動や心理状態」が生じて当たり前であるというモデルである。

　もう少し詳細に述べると、脳細胞の器質的障害に起因する記憶障害、判断・理解・認知の障害といった知的障害を「中核症状」あるいは「基本障害」とす

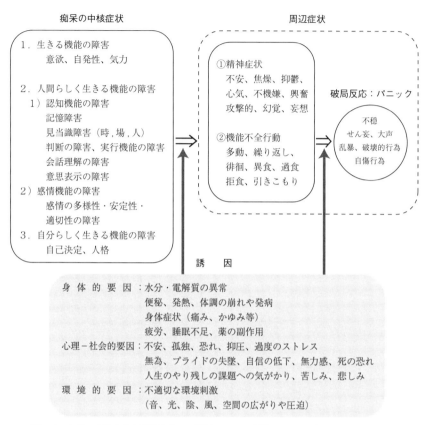

図1-3 痴呆の中核症状と周辺症状——増悪をまねく多様な要因の関与（永田 2002b: 55）

る。中核症状を持った状態で、現実社会を生きることは常に緊張状態を強いられ、不安と自信喪失、怒りや疲労といった状況を容易に引き起こすことになる。この状態で不適切な心理的・身体的・社会的要因が作用すると、「周辺症状」あるいは「BPSD」と呼ばれる状態（抑うつ、徘徊、弄便、攻撃等々）を招くというメカニズムである。

　こういった変化は従来の認知症を病気ととらえる「疾患モデル」から「関係モデル」へのパラダイムの転換といえる（井口 2007: 64）。これまで、「問題行動」という名のもとに認知症の人に起因すると考えられていたものが、社会過程の中で生成される自己意識にかかわる症状であったという発見は、したがっ

て認知症の人の社会過程を整えることを、社会や認知症にかかわる人々に要請することとなった。具体的には、認知症の状態や認知症の人についての認識、認知症の人へのケア理念、認知症の人の専門的ケアに関する認識、ケアの効率性の考え方、チームケアの考え方、組織運営のあり方といった幅広い側面での改革が求められたということである（永田 2002 c）。

　認知症の状態や認知症の人についての認識を転換するという点では、「認知症の人の可能性を信じ、その人の人間性や個の尊厳を実際に感じ取ることができるか」といった関わる人の意識をどう変えていくかということがまず課題となる。そして、認知症の人一人ひとりにあわせて、周囲がどう環境を整えることができるか、環境に関する可能性、手掛かりに気づくことができるか、といったことが基本的な事柄として求められるようになる。

　認知症の人へのケア理念を転換するという点では、従来の認知症に対する否定的な考え方を捨て、徹底して本人主体の論理を組み立てながら、なおかつ提供者側の思い込みにならないような形で継続的な一貫したケア提供が求められるということである。それは、現場でケア実践をしている一人ひとりのケアワーカーにとっては、それまでの価値観を捨て新しい価値観に基づいたケアをするよう要請されることである。

　認知症の人の専門的ケアに関する認識を転換するという点では、それまでは、病院といった医療モデルでの対応か、治療をあきらめた生活モデルでの対応かといった二極化したケアのあり方が見られていた。これを統合し、医療・生活・人生を見据えた全人的なケアモデルの確立、安らぎや誇り・潜在する力を引き出す環境づくり、人権擁護や自己決定を日常の生活場面で現実的に保障していくことが求められることとなる。

　ケアの効率性の考え方を転換するといった点では、それまでの最小の人数で最大数を処理するといったスピードとしての手際の良さが重要なのではなく、認知症の人本人にとっての手際良さ、本人のスピードに合わせて待つゆとりの重要性が見出された。また、認知症の人のケアとして適切な人員配置を見極めていくことが求められるということも生じる。

　チームケアの考え方を転換するといった点では、認知症の人と介護者が上下関係でなく対等の関係に立ち、職場や組織を越えて地域の中でどのようにチームを作ることができるか、また、混乱しやすい認知症の人に同じような方針で

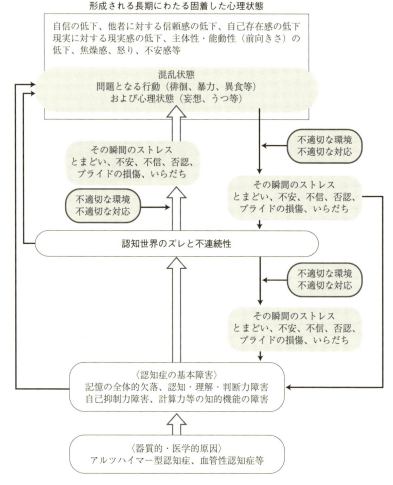

図1-4 認知症の高齢者のとらえ方に関するモデル（中島健一 2005）

関わり、有機的なチームであるかといった点が重要になってくる。

組織運営のあり方の転換という点では、限られた資源を認知症の人とケア現場が最も必要としているところへ投入できるよう、経営者と現場の距離が近いことが求められる。この点からは、ケアの運営単位が小規模化し、さまざまな

決定権がケア現場の職員に移行していくことが望ましいとされた（永田 2002c: 102-6）。

このような認知症理解のパラダイム転換によって、いわば認知症の人をケアする側の有責性が強調されるといった背景のもと、認知症に関する研究・研修センターの創設、権利擁護に関する法整備、介護保険制度の見直しや新サービス体系の創設、「痴呆」という用語の見直し、一般社会への啓発活動等の施策が行われてきたのである。

2　認知症ケアの変容過程

わが国の認知症対策は、1980年代始め頃までは、精神保健や医療の中での対策が主流であった。1980年代後半から福祉分野の中に位置づけられ、介護との関わりをもって示されるようになったのは1990年代になる頃である。認知症ケアと社会制度については、表1-1も含め次のように語られている。

2-1　ケアの不在──収容対象としての認知症の人（1970年代まで）

1970年に日本では高齢化率が7.0％を超え、高齢化社会が幕を開けた。認知症の人については1972年に発表された小説『恍惚の人』（有吉佐和子著）によって、社会の関心を集めるようになった。しかし、小説で強調されたのは認知症の表面的な症状や行動上の異常、介護する家族の苦悩であった。認知症の人の存在は広く社会に知られたものの、「社会問題」という捉え方であり、介護する家族は彼らを恥ずべきものとして家庭内に隠すか、精神病院への収容と閉じ込めといった選択肢しかない状態であった。この時代においては、認知症の人は何も分からなくなった人、危険な人、理解困難な人というイメージで扱われ、認知症となることの恐怖が語られ、当事者の心情や葛藤については関心さえ寄せられなかった。

認知症は悪化するだけの不可逆的な疾患であるとみなされていたため、ケア理論は存在せず、「問題行動」に対しては行動制限、収容、隔離的に対処するしか方策がないと理解された時期であった。後に「魔の3ロック」[4]と呼ばれる身体拘束、言葉の暴力、過剰な薬物投与が日常的に行われることにより、認知症の症状が促進される結果にもつながっていた。歩き回る人には回廊式の施

表 1-1　近年の介護職に関する制度と認知症ケア

年代	社会制度・背景	介護職に関する制度等	認知症ケアに関する特記事項
1963(S38)年	老人福祉法制定 　特別養護老人ホーム誕生 　家庭奉仕員派遣事業明記(低所得者対象)	〈家庭奉仕員の資質〉 　老人福祉に理解と熱意を持ち、家事、介護の経験、相談援助の能力を持っていれば誰でも可能。資格・研修不要。主婦の経験があれば可能。 　家族機能の補él、奉仕の精神を強調	
1969(S44)年	家庭奉仕員派遣対象を寝たきり老人へも拡大。		
1970(S45)年	高齢化社会になる(高齢化率7%超) 「社会福祉施設緊急整備5ヶ年計画」	S40年代、50年代に施設介護におけるケア内容の向上が目指された。 ex)オムツはずし、寝食分離	1972年「恍惚の人」ベストセラー
1976(S51)年	5月朝日新聞の記事 「…これといった資格も技能もいらず、日常の家事経験がそのまま生かせる上時間的な拘束もないので、主婦達にはりがいのある仕事…」(主婦の社会活動の機会)		1977年老人精神病棟の施設・整備設備を拡充
1979(S54)年		全国社会福祉協議会 ・「福祉寮母」資格研修 ・在宅でのホームヘルプサービスは、非専門的と規定	1980年「ぼけ老人を抱える家族の会(現:認知症の人と家族の会)」結成
1982(S57)年	老人保健法制定	家庭奉仕員採用時研修:70時間	公衆衛生審議会「老人精神保健対策に関する意見」:痴呆性老人を在宅福祉、在宅ケアのなかで位置づけるという方向。
1983(S58)年	老人保健法による痴呆性老人への訪問指導	1985-87日本学術会議社会福祉・社会保障研究連合委員会報告書「社会福祉における ケアワーカーの専門性と資格制度について」:専門性とは、倫理性、役割、社会福祉制度への理解、家政学の成果を組み込まれた家事援助、医療関係者とチームワークを組めるだけの能力	1984年厚生省社会局長通知「痴呆性老人処遇研修事業の実施について」:痴呆性老人を専門的に入所させる「基幹ホーム」を指定し、処遇の改善を図る。
1986(S61)年	老人保健法の改正により、老人保健施設誕生 3月中の朝日新聞に「介護」記事4件のみ		厚生省痴呆性老人対策推進本部の設置
1987(S62)年	「社会福祉士・介護福祉士法」制定 →介護職の国家資格化	家庭奉仕員講習会推進事業 360時間	
1988(S63)年		介護福祉士養成始まる。 専門教科18、基本的に2年課程(1500時間)	厚生省保健医療局通知「老人性痴呆疾患治療病棟及び老人性痴呆疾患デイケア施設の施設設備基準について」
1989(H元)年	「高齢者保健福祉推進十ヵ年計画(ゴールドプラン)」		
1990(H2)年		家庭奉仕員→名称変更「ホームヘルパー」	
1991(H3)年	福祉関係八法改正	ホームヘルパー養成 1～3級の多段階研修システムに。	公衆衛生審議会「地域精神保健対策に関する中間意見」。 有志によるグループホームの開設始まる 65歳未満の初老期痴呆患者老人保健施設への入所が可能に。デイサービスセンターE型(痴呆性老人毎日通所型)創設。
1992(H4)年	老人訪問看護事業の実施		
1993(H5)年		日本介護福祉士会設立	
1994(H6)年	高齢社会になる(高齢化率14%超) 新ゴールドプラン、地域保健法の成立		1996年頃～特養、老健でのユニットケアが始まる
1997(H9)年			痴呆対応型老人共同生活援助事業(痴呆老人向けグループホーム)の創設
1999(H11)年	ゴールドプラン21		
2000(H12)年	介護保険制度／社会福祉の基礎構造改革 ・措置から契約へ(自己責任原則) ・身体拘束禁止/自立支援 ・高齢者福祉サービスと医療サービスの統合 ・ケアマネジメントのシステム化 ・地域福祉の推進 成年後見制度	介護福祉士養成教育改定 ・人権尊重、自立支援、コミュニケーション、医学知識の重視 ・訪問介護実習の義務付け ・総時間数1650時間	高齢者痴呆介護研究センター(全国3ヶ所)にて痴呆介護実務者研修開始
2001(H13)年	3月中の朝日新聞:「介護」記事500件超		
2002(H14)年			新型特養(全個室、ユニットケア)創設
2003(H15)年	「2015年の高齢者介護」		
2004(H16)年			「痴呆」にかわる用語として「認知症」と通達(厚生労働省老健局長)
2005(H17)年	介護保険法等の一部を改正する法律	社会保障審議会介護保険部会「介護保険制度の見直しに関する意見」;将来的に介護職員の基礎資格を「介護福祉士」に統一。	痴呆介護実務者研修→認知症介護実践研修に移行
2006(H18)年		介護福祉士のあり方及びその養成プロセスの見直し等に関する検討会「これからの介護を支える人材について」	

文献(石倉1999)(笹谷2005)を参考に作成

設環境を整備し、便をいじってしまう人にはつなぎ服を着せ、外に出ようとする人には鍵をかけて出られなくするといった、認知症の人の人としての尊厳を無視した対処方法がとられていた時代である。

2-2 「呆け老人をかかえる家族の会」の誕生——介護者本位のケア（1980年代）

1980年に家族介護者の団体である「呆け老人をかかえる家族の会（現：認知症の人と家族の会）」が京都で発足した。このころから老人精神病棟の拡充や、特別養護老人ホームにおいて認知症の人を積極的に受け入れるような取り組みが始まった。

特別養護老人ホームの寮母を対象とした「痴呆性老人処遇技術研修事業」が1984年からスタートしたが、それは大型施設の入所者を「集団として」処遇するといった「集団ケア」における方法論であった。当時の施設は地域とはつながりのない閉鎖的なところがほとんどであり、居室は4人部屋以上の大部屋が主であった。利用者は自宅から施設に移されたことで混乱を深めている人が多く、施設側が決めた規則とスケジュールの中で食事、排泄、入浴など生活全般を職員側のペースで行う提供者本位のケアが一般的であった。限られた人数でいかに効率的に食事介助やおむつ交換、入浴介助をこなすかといった効率化や手技の向上に職員は価値を見出していた。

後年、模範とされるようなグループホーム「函館あいの里」を開設した林崎光弘は、施設介護職員としての実感から当時の認知症ケアについて次のように述懐している。

> 病院や大規模な老人ホームには個々のニーズよりも集団の規律やペースを優先するためのさまざまな規則や画一化がどうしてもあった。その規則を作るのは施設の職員側であり、医療や介護をする側の都合によって作られる決まりごとであった。老人の生活時間が施設時間に変えられてしまっていた。こうした規則化や画一化は、痴呆性老人の「徘徊」「怒り」「一方的ふるまい」をはじめとする混乱状態の引き金となったり助長する原因となっていた。（林崎 1996: 2）

同時期に一部のケア現場では、認知症の人本人の言動の意味や背景を介護者が探りながら、それに応じた個別のケアが試みられるようになってきていた。

また、個別にかかわる中で認知症の人の残された力、その人らしさへの気づきから、本人の可能性を伸ばすケアが志向され始めた。さらにさまざまな、認知症の人に対するアプローチが登場し、認知症ケアの専門性が模索された時期である。施設での集団療法的アプローチを試行錯誤し、音楽、回想、見当識訓練、動物との触れ合い、化粧、遊びなどの一連の療法を用いて本人の可能性を引き出そうとしていた。また、環境作りに注目したケアが始まったのもこの時期である。

2-3　民間の先駆的実践——呆けても心は生きている・個の発見（1990年代）

　1994年に日本の高齢化率は14.0％を超え、本格的に高齢社会を迎えた。1989年に策定されたゴールドプランは見直しを迫られ、新ゴールドプランとして在宅を基盤としたサービスの充実が目指されるようになった。

　一方で、「痴呆とともに生きること」の先駆的探求が始まってきた。すなわち、大規模処遇を経験した職員や家族が、認知症の人を中心に据えたケアの場作りを模索した結果、自らグループホームを開設したり、民間宅老所を開設したりしたのである。1987年開設の出雲市の「ことぶき園」、1991年開設の「函館あいの里」や福岡の「宅老所よりあい」等における実践は、認知症ケアを「介護者の視点」から「認知症の人本人の視点」へと転換させた[5]。そして、認知症の人本人の思いや居心地の良さに着目したかかわりをすることが、結果として介護者にとって問題とされたBPSDをも軽減させることに気づかされることになったのである。

　このような本人本位のケアを少人数を対象に実践していくあり方は、認知症の人の特徴に合ったケアとして全国の施設・病院、デイサービスなどに大きな影響を与え、それぞれの場でケアを改革していく取り組みが広がった。そのキーワードは「家庭的」「少人数」「地域密着」「生活主体」「個別」であった。また、建築学の研究者からも認知症の人の生活環境についての関心が寄せられ、実証的研究によって小規模ケアの効果が認知されることとなった[6]。1996年には、日本で初のユニットケアとなる試みが武田和典によって、福島県の特別養護老人ホーム「シオンの園」で始まった。こうした背景の中、1997年には認知症の人対応のグループホームが制度化された。

2-4　尊厳を支える全人的ケア──ユニットケアの誕生と制度化（2000 年代）

　認知症の人の尊厳を支える全人的ケアとは、具体的にはどういったケアであるのかという問いへの答えが民間の先駆的実践から明らかになりつつあった。それは、「生活環境づくり」と「人的環境づくり」である。さらに詳細に述べると、環境面においては小規模で家庭的かつ個人の暮らしの継続性が保てること、プライバシーが確保され刺激が調整されること、安全で地域に開かれていることである。人的環境面においては、なじみの関係をつくり、認知症の人のペースに合わせ、穏やかに待つことができ、関心と尊重・感心と賞讃を持って関わることである（永田 2002c: 90-101）。

　2000 年度から始まった介護保険制度は、高齢者の尊厳と自立を支えるためのケアを目指し[7]、そのための認知症専用のサービスとして認知症グループホーム（認知症対応型共同生活介護）が位置づけられ、全国的に飛躍的な開設数をみることとなった[8]。

　一方、大規模施設にもグループホームケアを普及させようとした試みの効果が認められ、それに対し補助金が交付されるなど、政策的にも推し進められることとなった。この取り組みは、特別養護老人ホームで初めて小規模ケアを試みた武田によって「ユニットケア」と名付けられ、当時グループホームケアの理論的推進者であった外山義らの協力のもと広くアピールされることとなった[9]。ユニットケアは構造上の小規模化だけを目指すものではなく、認知症の人の生活支援に主眼を置き、介護者と被介護者といった上下の関係ではなく、共に暮らす人・場と説明された。高橋誠一は、「従来の大規模施設では『介護に住居がついてくる』が、ユニットでは『住居に介護がついてくる』」という表現でユニットのあるべき姿を語っている（外山ほか 2000: 29）。

　同時期に、こうした新しいケアを担う人材を育成し、認知症ケアの質の確保と向上を推進していくための拠点として、国は認知症介護研究・研修センターを仙台・東京・大府（愛知）に設置し、人材育成システムの整備や認知症ケアの研究を進めた。その後、2003 年 6 月に厚生労働省老健局長の私的研究会である高齢者介護研究会から「2015 年の高齢者介護──高齢者の尊厳を支えるケアの確立に向けて」という報告書が出されることになる。ここでは、認知症の人にこそ人格を尊重し、その人らしさを支えることが必要であり尊厳の保持をケアの基本とすること、環境を重視しながら徹底して本人主体のアプローチ

を追求すること、生活そのものをケアとして組み立てること、生活の継続性を重視し日常の生活圏域を基本としたサービスとしていくこと、認知症ケアを高齢者ケア全体の標準として位置づけることなど、認知症ケアの指針が示された。

一方同年には、介護保険制度の見直しにあたって、全室個室・ユニットケア実施の「新型特養」というサービスが新設され、特別養護老人ホームは今後新型特養でなければ補助金を出さないという強力な政策的誘導が実施された。こうした一連の流れのなかで、2004年にはそれまで使用していた「痴呆」という用語が、認知症の正しい理解や本人の尊厳にそぐわないとされ、「認知症」という用語に改められている。

2000年代になると、認知症の当事者からの発言も相次いだ。オーストラリアのクリスティーン・ボーデン（現：ブライデン）による執筆活動や講演活動は、認知症ケアに関わる人たちに衝撃をもって受け入れられた（「痴呆患者の心の声聞け」朝日新聞2003.11.24）。日本において当事者の語りの聞き取りをしていたデイケア事業所[10]が脚光を浴び、2004年には「呆け老人をかかえる家族の会」によって当事者の思いを聞き取った『痴呆の人の思い、家族の思い』が出版された。さらに、同年秋にはアルツハイマー病協会国際会議（京都）において日本初の当事者による講演がなされ、その後NHKによってドキュメンタリー番組が制作される[11]など、堰を切ったように当事者からの発言が続いた。これらは2005年からの「認知症を知り地域をつくるキャンペーン」[12]、2006年の「本人会議アピール」へとつながっていった。

一方で1999年には、アルツハイマー病の治療薬として「アリセプト」が発売され、その有効性が実証されるとともに、病気としての「認知症」に焦点があてられ始めた。認知症の診断やレビー小体型認知症への注目といった医療者の関心の増大、ワクチンの開発研究[13]や、認知症発症に関連する疫学的調査から発症予防の介入研究（佐々木・朝田2006）へと医学研究が広がりつつある。将来的に認知症は予防や治療が可能な「病気」になる可能性が開けたわけであるが、現在認知症のために生活に多くの障害を抱えている人々にとっては、質の良いケアが必要であることに変わりはない。

次に、本稿が焦点をあてており、認知症ケアにとって有効であるといわれるユニットケアについてより詳細に紹介する。

3　ユニットケアの現在

　ユニットケアは「個別ケアを実現するための手段」である（2015年の高齢者介護：補論2）。
　2001年9月の厚生労働省・全国介護保険担当者課長会議資料によると、ユニットケアとは、施設の居室をいくつかのグループに分けて、それぞれをひとつの生活単位とし、少人数の家庭的な雰囲気の中でケアを行うものをいう。「個室・ユニットケア」の意義としては、①入居者は個性とプライバシーが確保された生活空間を持つことができる。②個室の近くに交流できる空間を設けることにより、他の入居者と良好な人間関係が築け、相互の交流が進む。③自分の生活空間ができ、少人数の入居者が交流できる空間もあることで、入居者のストレスが減る。④家族が周囲に気兼ねなく入居者を訪問できるようになり、家族関係が深まることにもつながる。⑤インフルエンザ等の感染症の防止に効果がある、と説明されている。
　制度導入当時、厚生労働省事務次官であった辻哲夫は、ユニットケアの問題提起は一言でいえば「ホームでお年寄りが主役になっているか」ということだと述べている。「単にハードを小規模にして、物質的に家庭と同じ環境をつくればいいというのではない、家庭的なケアをしていく職員のあり方が問題になる」とも指摘している（外山ほか 2000: 9-10）。
　こうした生活を施設の中で営めるようにするためには、施設全体で一律の日課を設けないこと、流れ作業のように業務分担して行う処遇を行わないことが推奨された。
　また、入所者同士の人間関係を把握し、自然な形で相互のコミュニケーションが図られるように、リビングでの位置関係、会話の工夫等に留意する、スタッフは主にリビングで入居者とコミュニケーションを図りながら、一人ひとりの心身の状況・生活習慣・個性などを具体的に把握し、その上でその人のリズムに沿った生活と、他の入居者との交流を支援するといったことが業務となるとも示された。同時に、図1-5のように個室の配置といったハード面に関しても、入居者同士の交流が推進できるようなモデルが示された（2015年の高齢者介護：補論2）。

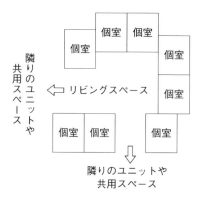

図1-5 ユニットにおける居室の配置例

このような居住環境の変化は、利用者の生活をどのように変化させたであろうか。ユニットケアの理論的な推進者であった外山は、特別養護老人ホームにおける私物調査、居場所調査、睡眠状態調査、残食量調査等の結果をもって、個室・小規模ケアが利用者の生活をより個性的で豊かなものにしていくことを示した（外山 2003 a,b）。制度導入後も、利用者一人ひとりの社会関係のありように迫るかたちでの調査は見出せないものの、利用者のコミュニケーションや食事、意欲といった生活の一側面への着目による調査はなされている（山口 2006 など）。

ケア現場からの発信として1年に1度開催される「ユニットケアセミナー」や「ユニットケア実践者セミナー」では、写真や動画を多用しながら利用者の生き生きとした生活の様子が交換されている。一方で、ケア現場に密着し発言を続けている三好春樹は、ユニットケアに違和感を持つとしてユニットの人間関係の排他性、小集団の人間関係の煮つまり、なじみの関係の強制といったことでBPSDを増大させた事例を紹介し、利用者の中で自然に形成されたグループ毎にユニットケアをすべきなのだと提案している（三好2005）。

介護保険制度の中で推奨された、ユニットケアであるが、制度開始後2度にわたって介護報酬は引き下げられ、「重度化加算」といった形で施設入所者の要介護度は重度化する方向に政策誘導されている。前述した「入所者同士の人間関係を把握し、自然な形で相互のコミュニケーションが図られるように、リビングでの位置関係、会話の工夫等に留意する、スタッフは主にリビングで入居者とコミュニケーションを図りながら、一人ひとりの心身の状況・生活習慣・個性などを具体的に把握し、その上でその人のリズムに沿った生活と、他の入居者との交流を支援する」といった「望ましいユニットの姿」は、現実には実現困難な「理想」になっているという声もある。

介護アドバイザーという立場でユニットケア現場の技術指導をしている坂本宗久は、「良質のケアは小規模化された場でないとできない」としながらも、

理念ばかりが先行し現実的な手法が立ち遅れているために「理念が徘徊」し、「やる気のあるワーカーほど辞めていく」という事態が起こっていると述べている（坂本 2005: 16-36）。

では、そういったユニットで働くケアワーカーはどのような体験をしているのであろうか。次に、ケアワーカーの労働を考えるにあたって、まず従来型大規模処遇における労働を紹介し、次いでユニットでのそれをみる。

4　高齢者施設におけるケア労働

4-1　従来型集団ケアにおけるケア労働／機能分化させたチームケア

介護・看護職員配置については、特別養護老人ホーム、介護老人保健施設のいずれの施設でも「介護職員又は看護職員の総数は、常勤換算方法で、入所者の数が3またはその端数を増すごとに1以上とすること」と定められており、介護・看護職員総数にしめる看護職員の割合が施設種別によって差別化されている。定員100人の特別養護老人ホームを例にあげると、介護・看護職員総数34人のうち看護職員は3人であり、介護老人保健施設であれば、総数34人のうち看護職員は10人程度である[14]。では、34人で100人の利用者をどのように支えているのであろうか。施設における1日の生活を見てみよう。

従来型集団処遇での利用者と職員の一日について表1-2に、さらに週間予定、年間予定について表1-3、表1-4に示した。一日の利用者の生活は、3回の食事と入浴時間を中心にスケジュール化された日課に沿って組み立てられている。厚生労働省から示された基準に従って、入浴は週2回、おむつ交換は定時交換を軸に随時交換[15]を加えておおむね1日に7～8回行うことが標準である。ケアワーカーは交代制で24時間の生活支援を行うため、日勤、早出、遅出、夜勤といった変則勤務をしている。そういった勤務形態の中で整然と作業を進めるためには、各勤務のタイムスケジュールを記したマニュアルを整備し、早出勤務者は昼食の配膳が終わったら休憩に入り午後からは入浴を担当する、日勤者は昼食の介助後に休憩に入り午後は入浴準備が整った浴室へ利用者の移動介助をするといったような形で役割分担がなされ、効率的に業務が進められているのが通常である。

マニュアルは30分程度を一区切りとし、施設によっては曜日ごとに作成さ

表1-2　集団ケアにおける1日の生活と業務

時間	高齢者の日課	職員の行動
6:00	・起床・洗面・更衣	・排泄介助・洗面・更衣・食堂誘導
7:00		・朝食準備
7:30	・朝食	・配膳・朝食介助・下膳
8:00	・フリータイム	
8:30		・朝礼（全職員参加）
9:00	・リハビリ・レクリエーション	・巡回・排泄介助・リハ室誘導
	・個別プログラム	・ベッドメイキング
11:30		・排泄誘導・食堂誘導・おしぼり配布・湯茶
12:00	・昼食	・配膳・昼食介助・下膳
		・職員三交替で休憩（食事）
13:00	・入浴	・入浴準備・誘導・介助
	・個別プログラム	・個別プログラム参加者誘導
15:00	・ティータイム	・排泄介助・食堂誘導
16:00	・フリータイム	・ケースカンファレンス（夜勤者参加）
18:00	・夕食	・夕食・配膳・介助・下膳・誘導
19:00	・フリータイム	・排泄介助・歯磨き（入れ歯洗い）・更衣
20:00		・戸締り確認・夜警との調整
21:00	・就寝	・巡回・消灯・排泄介助
24:00		・巡回・排泄介助
4:00		・巡回・排泄介助

出典（村田 1993: 22-23）

表1-3　週間スケジュール

	日課	月曜日	火曜日	水曜日	木曜日	金曜日	土曜日	日曜日
午前	・レクリエーション ・健康チェック	・体操 ・ゲーム ・医師回診 ・バイタルサインチェック	・体操 ・ゲーム ・医師回診 ・特殊浴槽入浴	・体操 ・音楽 ・医師回診	・体操 ・ゲーム ・医師回診 ・バイタルサインチェック ・特殊浴槽入浴	・体操 ・お話し合い ・医師回診	・体操 ・歌	・体操 ・歌
	・趣味活動 ・教養講座 ・相談・指導 ・リネン交換	・書道 ・相談	・貼り絵 ・相談 ・介護指導	・読書会 ・相談 ・リネン交換	・陶芸 ・相談	・生け花 ・相談	・読書会 ・相談 ・介護指導	・映画会
昼食								
午後	・一般浴槽入浴 ・ティータイム ・判定会議	・一般浴槽入浴 ・ティータイム	・一般浴槽入浴 ・散歩 ・ティータイム	・一般浴槽入浴 ・ティータイム ・判定会議（又は職員会議、職員研修会）	・一般浴槽入浴 ・ドライヴ ・ティータイム	・一般浴槽入浴 ・ティータイム	・ショッピング ・ティータイム	・ティータイム

出典（村田 1993: 86-87）

表1-4　年間行事計画

	処遇計画		処遇計画
4月	・ピクニック（お花見）	10月	・ドライブ
5月	・ミニ運動会 ・総合避難訓練	11月	・ピクニック ・文化祭
6月	・教養講座講演会	12月	・クリスマス会 ・もちつき大会
7月	・七夕祭りコンクール	1月	・カルタ会 ・総合避難訓練
8月	・納涼会 ・学生ボランティアの体験学習	2月	・節分会
9月	・敬老会（お祝いと講演会） ・ピクニック ・総合避難訓練	3月	・お雛祭 ・ドライブ

出典（村田1993:89）

れることもある。表1-5はその一例であるが、新人は業務に慣れるまではマニュアルを常に持ち歩き、スケジュールに沿って業務をこなすことができるようになって初めて、一人前として扱われる。

　このようなチームプレイの中では個々のケアワーカーは機能分化した一つの歯車となる。ケアワーカーにとっては、ケアの流れに沿ったその日の自分自身の役割を覚え、ケアワーカー間での連携を図りながら円滑に業務を遂行することが労働の目的となりがちである。その中で発せられるその都度の利用者の要望や訴えは、チームによる作業の遂行を妨げる要因となっていく。以下は1980年代前半の特別養護老人ホームの様子についての新人ケアワーカーの回顧である。

　　先輩寮母さんたちから、私たちが指導されたことは、「オムツ交換は早くしないと駄目ですよ。年寄りにとっては、恥ずかしいことだし、負担がかからんようにすることが第一よ」ということでした。ある大ベテランの先輩寮母さんなどは、「10分もあれば15人のオムツ交換ができる」と公言してはばからない人でした。―中略―「こうして早くオムツ交換を済ませ、後いらぬ用事で、寮母がゴソゴソせずにおったら、年寄りは安心してグッスリ休んでんじゃけえー。よけぇなことはしんさんな！」と言われます。実際、お年寄りは静かで正直言って「ああ、なんて楽なんだろう」と思っていました。新米同士で夜勤をすると、オムツ交換は倍以上の時間がかかっていました。その上、あちこちか

表 1-5 介護老人保健施設▲園　業務分担表（火・金）

	早出A	早出B	日勤	遅出	超遅
6:30	排泄ケア（オムツ）・更衣・換気 デイルーム誘導・検温 デイルーム準備・洗面・点眼				
7:20		配膳・配薬・食事介助 排泄ケア（トイレ）・居室誘導・浣腸			
8:30	申し送りノート記入	申し送り・排泄ケア（オムツ）			
9:00	検温残り 整容	フロアリハ・カルテ記入			
10:00		リハビリ誘導・デイルーム準備			
10:30		デイルーム誘導	物品チェック		
11:00	休憩	排泄ケア（トイレ） デイルーム準備・昼食配膳			
11:30	昼食介助		下膳・排泄ケア（トイレ）		
12:00	流し片付け 掃除	休憩	居室誘導・デイルーム掃除 ごみ捨て・尿廃棄		
12:30	排泄ケア（オムツ）		休憩		排泄ケア（オムツ）
13:00	入浴・リハビリ誘導				
13:30	ケアプランチェック		おやつ誘導・おやつ 排泄ケア（トイレ） 居室誘導 入浴荷物の返却 コール対応		ごみ捨て
14:00	個別ケア				休憩
15:00	終業				
15:30					
16:30			デイルーム誘導・排泄ケア（トイレ）		
17:00				終業	デイルーム準備 夕食（早）介助 夕食配膳・介助 イブニングケア
18:00					
19:00				終業	排泄ケア（オムツ） 車いす・マット掃除 デイルーム準備
20:30					終業

ら、「寮母さん。寮母さん」と、私たちからすれば取るに足らないと思えるような用事で声が掛かり、双方がバタバタして一晩中落ち着かない夜になってしまいます。「ヤッパリ、テキパキしないと駄目なのかな〜」と悩んでいました。今にして思えば、もしかして、そのベテラン寮母さんが夜勤の夜は、お年寄りは怖くてじっとしていたのかなと思います。（村上 1993: 13）

　1980年代前半は寝たきり高齢者問題がやっと表面化した頃であり、「利用者本位」「自立支援」といった現在のケア理念はまだ登場していない。この後に、寝たきり防止、おむつ外しといった理念の転換がもたらされ、介護保険制度下では利用者本位、自立支援といったように新しいケア理念が現場にも浸透して

いくのである。しかし、ここで語られているのは、利用者の思いを尊重するように見せかけた業務優先、介護者本位の姿である。利用者の羞恥心に配慮するという「優しさ」を表明しながら、10分で15人のおむつを替えるといったスピード重視の手技（このことについては実際に試みてみたが、10分で15人のおむつ交換をすることは到底不可能であった。「スピード重視」というより、「乱暴な」と言う方が適切である）が自慢され、利用者に「取るに足らないような」用事をたのまれるといったことが、ケアワーカーの未熟として問題視されているのである。

　こういった状況については、家庭におけるケアと施設ケアについて比較した春日キスヨの論考でもとりあげられている。

　　　介護が老人ホームや病院などの施設で行われる場合も、相手の意を汲むことは求められる。しかし、相手の意を汲む労働といっても、家族としてやる場合と、施設の職員としてやる場合では大きく異なってくる。仕事になればその人がついなくなっても誰かに交代できるように、最低限のマニュアル化が要求される。仕事で要求されるのは、愛情の強弱でなくて業務達成である。したがって、「愛情」が強調される対人労働であっても、それは課題達成という必要によってあらかじめ歯止めがかけられている。課題達成のためには、相手の情緒的欲求の充足など二の次にしていいという側面をもっているのが、社会化された労働というものである。（春日 1997: 75-76）

　課題達成のためにあらかじめかけられた「歯止め」を、利用者も職員も知っているからこそ、ベテラン寮母と夜勤をすると「ああなんて楽なんだろう」という夜勤が可能であったのだ。

　要するに、一つには従来型大規模処遇においては、労働過程は業務遂行優先の効率的な形をとりやすいということであり、もう一つには、利用者とケアワーカーの相互作用において圧倒的にケアワーカーのもつ権力が大きい場合、業務遂行が容易になるという事実である。

　まず、1点目の効率的な業務遂行といった労働過程の特徴について考えてみよう。ユニット化の効果検証のため、外山が行った調査がある（外山 2003 a: 20-38）。従来型特別養護老人ホームにおいて、午後の余暇時間（13:30〜16:00）

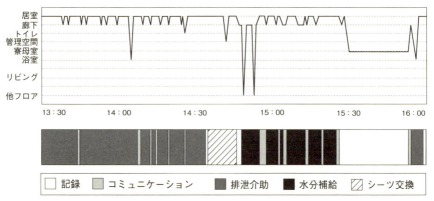

図1-6　立替え前の余暇時間におけるスタッフの滞在場所とケア内容　出典（外山 2003a：24）

にケアワーカーがどこで何をしていたかを詳細に調査したものである（図1-6）。横軸に時間、縦軸に各空間を取り、ケアワーカーの空間移動を折れ線で示し、ケア内容をグラフ下部に色分けしている。内容をみると、13時30分から居室順に排泄介助を行い、14時30分過ぎに排泄介助に関する記録をした後、シーツ交換・記録、そしてまた順に水分補給をしていることがわかる。

水分補給後は16時前まで寮母室で記録を行っている。空間移動を最小限にしつつ、同一作業を連続して行うことや、その間のコミュニケーションはまばらで短いことから流れ作業的ケアになっていると外山は指摘している。こういったケア労働においては、ケアワーカーが役割遂行の中で短時間ずつしか利用者に関わることがないため、新しい認知症ケアの基本的立ち位置である「本人の視点」から環境や体験を認識し点検するといったことが困難になってくる。

次に2点目の、ケアワーカーの持つ権力と業務遂行について検討する。これについては、従来型特別養護老人ホームの認知症専門棟でフィールドワークを行った天田城介の分析を参照する（天田 2007: 147-225）。そこでは、ケアワーカーが利用者との相互作用に巻き込まれないようにする自己保身のための実践として「ルーティーン・ワークの自己目的化」が行われていたと述べられている。利用者が「自分の家に帰りたい」と頼んでいる場面で、ケアワーカーはその言葉を遮断するように「背中拭かせてね」と自己の役割を遂行しようとしているというものである。そこで天田は、勤務3年目のケアワーカーの語りを聞いて

いる。それは、ルーティーン・ワークのみを勤務時間中に行うことで利用者とのコミュニケーションがなくなることを嘆きつつも、「でも他の方（ケアワーカー）との協働でやっていることなので、私だけが勝手に話し込んでサボっていると思われても困りますので、できる限り仕事が終わってから、まあ僅かな時間ですがお話するようにしています」というものである。この発言は、一人の施設職員が利用者との関係を重視しようとしても、他の施設職員との協働的営為であるルーティーン・ワークに否応なしに組み込まれてしまうこと、それを拒否することが困難であることを明示している（天田 2007: 206）。

　先に引用した 1980 年代前半の新人ケアワーカーの体験でも語られた通り、利用者との相互作用に巻き込まれないことが、業務をスムーズに遂行する要点になるのである。チームメンバーに利用者を統制できない新人が加わると、チーム全体の業務が滞り、他のメンバーは新人の分担分をカバーするしかなくなるのである。

　天田の分析に戻ると、なぜケアワーカーが利用者との相互作用に巻き込まれないように自己保身をするかといった点については、認知症の人は「何度となく説明しても同じことを繰り返すので、説明は無駄」といった「悪循環のループ」によってケアワーカーが疲弊を感じ自らのケアの無力感に苛まれることになるため、そういった事態を避けたいからであると述べられている。しかし、このような姿勢こそが新しい認知症ケアの理念によって否定された対応である。すなわち、利用者の声に耳を貸し、その背景にある事実や思いについて利用者主体で考え推測するといった、新しい認知症ケアにおいて価値を付与されている姿勢から逃げることに他ならないからである。

　このように見てみると従来型大規模処遇においては、ケアワーカー集団にルーティン業務の遂行を目的化してしまうといった統制が働き、そのことによって利用者とのかかわりが分断され、認知症の人の内面への理解がなされにくくなるのは必然である。

　認知症の人にとっては、30 〜 50 人の集団単位で生活行為を行うことで、常にざわついた落ち着かない雑踏に身を置く形となる。こういった生活は不適切な環境刺激となり、さらにケアワーカーによってその時々の要望や訴えを無視されるといった自尊感情を傷つけられる体験が加わるので、BPSD が起こりやすくなる状況が生まれる。BPSD が増大すれば、ケアワーカーはその後始末に

おわれ業務量が増えることで、一層スピード重視となり効率的に作業を進めようとするため、利用者とのかかわりはさらに表層的で短くなるといった悪循環が生まれやすい。こうして認知症の人は、「問題を起こす人」へと追い詰められていくのである。

　最後に、従来型大規模処遇でのケアワーカーの勤務体制をみてみよう。図1-7は、50床の従来型特別養護老人ホームの1か月の勤務表である。

　図の下に示すように、わずかな時間差で多くの勤務時間が設定されていることが分かる。いわゆる早出勤務としては、4パターン（hは朝6時45分から午後3時半、iは朝7時から午後3時45分、jは朝7時から午前11時、kは朝8時から午後4時45分）ある。日勤帯としては午前9時から午後5時45分と、半日勤務としてその前半部分のものと後半部分の勤務がある。いわゆる遅出勤務としては、3パターン（lは午前11時15分から午後8時、mは午後0時から8時45分、nは午後1時15分から10時）である。さらに、夜勤においても日付をまたぐ16時間勤務のfと、午後10時から翌朝6時45分までのgがある。

　勤務者の中でも2人いる「介助員」は、一人が洗濯専門、もう一人が掃除専門で日中6時間の勤務をしている。新人のケアワーカーNさんは、ほぼa勤を中心に時折先輩について変則勤務を体験しているといった状況である。n勤は入浴介助、m勤は排泄介助といったように、各勤務での役割分担がすでに決められているので、勤務者の技術の習熟度や個々人の生活にあわせて勤務を組むことになる。例えば、n勤（13:15～22:00）の翌日にk勤（8:00～16:45）を組んでいるのは、通勤距離が短いなどの理由でそういった勤務が比較的負担にならないという人たちである。

　チームとしての勤務体制を見てみると、基本的にチームリーダーとなる介護主任やサブリーダーが時間をずらせながら勤務する中で、各担当が振り分けられていることがわかる。勤務表を作成しているサブリーダーによると、夜勤の回数は公平にしたいが、職員から出された勤務希望の調整をしていくと、職員によって多少がでてくるとのことであった。

　このように、詳細に役割分担がなされチームでケアを遂行する形は、業務割り当て方式による「機能別チームケア」である。もともとは、看護領域で業務の効率化をめざして行われていた方法であるが、業務を分担する時点で、必要な業務の内容と量が明らかにされていることが前提となっていなければ成立

図1-7 従来型特別養護老人ホーム●園 勤務表

		21 火	22 水	23 木	24 金	25 土	26 日	27 月	28 火	29 水	30 木	1 金	2 土	3 日	4 月	5 火	6 水	7 木	8 金	9 土	10 日	11 月	12 火	13 水	14 木	15 金	16 土	17 日	18 月	19 火	20 水
介護主任	A主任	×	l	h	g	×	k	a	g	h	i	b	a	m	g	×	n	k	m	g	×	a	m	a	k	f	明	×	a	a	n
サブリーダー	B	i	a	g	k	g	a	×	×	×	×	×	×	a	h	f	明	明	明	g	a	a	l	m	a	a	k	×	g	×	m
	C	×	l	×	a	×	×	a	g	明	×	×	m	a	a	m	n	f	a	×	a	×	明	a	g	l	×	a	a	×	a
	D	n	f	×	×	g	n	a	k	×	i	×	a	k	×	n	×	g	h	g	×	f	a	m	g	×	f	a	g	m	×
	E	h	g	×	×	m	a	m	明	明	b	m	k	h	f	g	h	×	×	a	k	h	h	×	×	a	g	a	h	h	k
F		×	p	p	×	×	f	×	f	×	×	a	h	明	k	n	h	a	h	×	f	m	明	n	h	m	×	明	×	m	h
G		m	n	p	p	m	n	a	明	×	m	a	l	×	g	g	m	f	a	k	l	h	k	m	k	明	f	×	k	h	×
H		g	×	p	p	g	×	m	×	m	×	明	g	明	m	h	h	g	f	明	×	×	m	明	明	b	g	h	明	×	×
I		×	×	p	p	明	×	明	明	a	g	f	明	l	×	m	a	a	×	f	m	l	a	a	g	n	h	a	a	明	f
J		×	×	p	p	k	n	k	k	×	×	h	f	×	k	×	h	h	f	k	h	k	h	×	k	i	l	n	h	k	×
介護士	K	×	×	p	p	×	k	×	明	×	m	a	×	h	×	h	a	×	m	×	×	×	×	k	×	×	a	k	k	f	h
L		明	h	×	明	l	n	a	明	n	a	×	明	k	l	×	×	k	a	明	a	×	l	a	×	×	l	×	×	×	l
M		a	i	×	×	×	l	a	×	m	n	a	a	f	×	×	×	n	×	h	×	×	×	×	×	a	a	×	×	×	×
N(新人)		a	a	m	×	m	l	a	×	×	×	×	×	明	a	×	×	×	×	h	×	×	×	m	g	m	m	h	k	×	×
O(パート)		o	×	×	×	×	×	×	×	o	o	×	×	×	×	o	o	o	×	×	×	×	×	×	×	×	×	×	×	×	o
P(パート)		p	p	p	p	×	×	×	×	×	×	×	×	×	×	×	×	×	×	×	×	×	×	p	p	p	p	p	p	p	p
Q(パート)		×	×	×	×	×	×	×	×	×	×	×	×	j	j	j	j	j	j	j	×	×	j	×	×	×	j	×	×	×	×
夜勤パート	R	×	×	j	j	j	j	j	j	×	×	j	j	×	×	×	×	×	g	×	×	×	×	×	×	×	×	×	×	×	×
ケアマネ	S	a	a	p	p	×	n	a	g	×	m	a	a	×	×	×	×	×	g	×	×	×	×	×	×	a	m	h	k	a	p
介助員	T	×	×	×	×	×	×	×	×	×	×	×	×	×	×	×	×	×	×	×	×	×	×	×	×	×	×	×	×	×	×
	U	×	×	×	×	×	×	×	×	×	×	×	×	×	×	×	×	×	×	×	×	×	×	×	×	×	×	×	×	×	×

＊氏名欄途りつぶしは男性職員

[早出]
h 6:45〜15:30
i 7:00〜15:45
J 7:00〜11:00（半日勤務）
k 8:00〜16:45

[日勤帯]
a 9:00〜17:45
b 9:00〜13:00（半日勤務）
c 13:45〜17:45（半日勤務）

[運出]
l 11:15〜20:00
m 12:00〜20:45
n 13:15〜22:00

[夜勤]
f 17:30〜0:00
明 9:00〜9:30
g 22:00〜6:45

[他]
o 9:00〜16:00
p 9:00〜15:30
× 休み

第1章 認知症ケアの現在

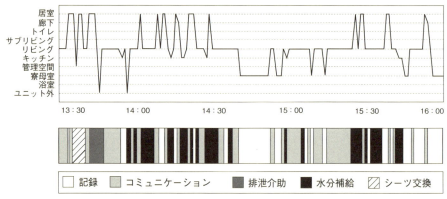

図1-8 個室・ユニット化後の余暇時間におけるスタッフの滞在場所とケア内容 出典（外山 2003a：24）

しない方法である。前提として存在する一定の業務量を、どのように振り分け、新人は何から順に学ぶべきかといったかたちで勤務体制がつくられていくのである。したがって、これまで見てきたように、ルーティン業務から逸脱した「些細な」利用者の訴えは、無視せざるを得ない状況が生まれやすい。

4-2 ユニットにおけるケア労働／文脈依存型ケア

　高齢者の個別性に配慮することを目的に導入されたユニットケアであるが、ケアワーカーにとっては利用者個人と「尊厳を持った他者」として出会うという新たな関係が求められる変化である。そして、その労働についてはさまざまな、相反する言説がある。前節でみた外山の調査をまず紹介すると、図1-6で紹介した特別養護老人ホームは、個室・ユニット化へと建て替えを行い職員配置がユニットに固定された時期に再度、同一条件での調査を行っている（図1-8）。

　これによると、コミュニケーションが頻繁にもたれながらケアが行われており、利用者への水分補給が行われる場所が従来型では居室や廊下であったものが、主にリビングに変化している。この変化は従来型の問題点であった利用者とのかかわりが表層的でかつ分断され短いといった部分を克服しているようにみえる。さらに外山は続けて、スタッフの運動量が初めの数か月を乗り越えると落ち着くことを明らかにした。また、ワークストレスについてはアンケート調査を行い、身体的ストレスについては増加と減少の2極化した回答であり、

精神的ストレスについては半数強が増加したと回答していることを明らかにしている。しかし、仕事に対するやりがいが増加したという回答が7割強であることから、個室・ユニット化によって介護労働が、「ただこなすだけの仕事から、常に緊張感を伴うもののやりがいの大きい専門職へと質的な変化を遂げた結果」であると結論づけた（外山 2003 a: 35）。

　これら一連の外山らの調査が行政を動かし、ユニットケア実施施設を標準としていく推進力となったのであるが、その後の研究や調査では相反する結果が報告されている。例えば身体労働の強度についていえば、涌井忠昭の調査によればユニットケア実施施設であっても従来型施設との有意差がなかったという報告がなされている（涌井 2002）。

　2005年の東京大学の調査は介護保険制度のもとで、サービス提供事業体としての「協」セクターに属する先進的な市民事業体を複数取り上げ、その可能性を検討するという問題設定のもと、社会学研究室と建築学研究室によって、調査参加者延べ57人という体制で富山・鷹巣・千葉・藤沢で行われたものである。ユニットケア実施施設としては鷹巣（介護老人保健施設）・千葉（特別養護老人ホーム）が該当し、完全個室ではないがユニットケアに準じたケアを行っているのが藤沢（特別養護老人ホーム）である。鷹巣6名、千葉10名、藤沢1名の施設職員計17名のインタビューから、ユニットに勤務するケアワーカーの労働条件、労働実態について分析された。それによると、「サービス残業の常態化」、「入居者の高齢化とともに仕事量が増加している」、「ひとり職場であるためのリスク管理の難しさとプレッシャー、利用者との関係などの精神的な疲弊」、「目が離せない状況からトイレにもいけず膀胱炎になるという現実」、「職員間のコミュニケーションの難しさ」といった数々の否定的な事実が語られる一方で、「利用者一人ひとりに合わせたケアを行うことができ、より利用者と親密になれるユニットケアは、職員のやりがいにもなっている」とし、人員配置を増やすこと、研修の強化を図りケアスキルの習得、情報共有をすることが職員の孤立や負担の集中を防ぐ、とまとめている（上野編 2005：281-3）。

　同年に実施された介護労働安定センターによる、小規模化されたケア現場で勤務するケアワーカーへのアンケート調査でも、職場や仕事について感じている事柄は「夜勤時の不安」「適切なケアができているかどうかの不安」「賃金の低さ」「休憩が取りにくい」がいずれも80％を超える回答であった。バーン

アウトの徴候では29歳以下の管理職員で「脱人格化」「情緒的消耗感」が強く、「個人的達成感」が後退していた。仕事のプラス面としては「入居者の笑顔に喜びを感じる」が90％以上を超えた（佐藤編2005）。こういった調査結果からも、やりがいとともに疲弊したケアワーカーの様子がうかがえる。

　ところで、日本におけるユニットケアの先駆者たちは、ユニットケアが目指すのは「寄り添うケア」「お年寄りと向き合う」「（お年寄りの）願いや希望を叶える」ことであると語り、ユニット実践における重要ポイントと位置づけている（外山ほか2000: 65-90）。

　「寄り添うケア」とはどのようなことを指すのであろうか。認知症ケアの実践者であり、かつ精神科医である小澤勲は認知症の人について、「痴呆性老人の心・身・生活世界は相互に透過性が高まった状態にあるといえる」と述べ、認知症の人へのケアにおいては心・身体・生活のすべてへの目配りが大切だとしている（小澤1998: 199）。認知症の人は、自分の身体の不調を言葉で訴えることはできない。すなわち認知症の人への寄り添いとは、生活と心情だけでなく「からだの表情を読む」ことでもあるのだ（小澤2003: 192）。

　従来の集団を対象とした処遇においては、施設の時間管理に利用者の生活を合わせた介護者主導の働き方でも許容されていた。しかし、ユニットケアにおいては伝達可能な知識のみならず、言語化できない訓練された直感を持って対象を包括的に知る、といった暗黙知[16]が重要な資源として求められてきているのである。加えて、小規模な人間関係の中で利用者一人ひとりの心情に寄り添うような関わりのために、介護者として望ましい感情規則に従って自分自身の感情管理を行うことも要求されているのが現在の認知症ケアであるといえよう。

　高齢者ケアのオピニオンリーダーである高口は、施設の体質によってはケアワーカーが孤独な労働という責任につぶされて利用者に規則的で指示的な関わりを繰り返し、最終的にはケアワーカーとしてのモラルまで失う危険性があると指摘している（高口2004 : 108）。この高口の危惧は2005年2月には小規模化された認知症ケアの現場であるグループホームにおける虐待致死事件[17]として、また2006年にはユニットにおける虐待報道[18]として現実化している。

　虐待致死事件後、小澤勲は「介護する人に情緒的な倫理をただ押しつけることは、介護者を追い込むことになる。病気を理解すること、その人の家族との

かかわりや歩んできた人生を知ることによって、やむを得ず行き着いたその人の表現、訴えとして受け止められる。行動の背後に広がる彼らの世界を理解し、生きる不自由に共感できるようになることが、優しさを保つ手がかりになる」と述べている（朝日新聞2005年3月20日）。「あれは自分ではなかったか」と題した介護現場からの発信によるセミナーでは、虐待や暴力事件を起こさずに済んでいる要因として、①入居者になるまでの過程を目の当たりにしてきた。利用者が認知症になり、障害を抱えて苦悩してきた姿を目で見て肌で感じてきた。②スタッフの勤務体制。利用者の昼と夜の両方の顔を見ることで、問題にばかり目が行くことを回避できる。③共感してくれる仲間がいる、の3点をあげている（下村ほか2005: 31-9）。ここであげられたことは、認知症の人個々人の「その人の物語を知る」こと、すなわちその人の人生の文脈、その日その日の生活の文脈、それらを読むこと、そして仲間との共感の時間が持てることが、ケアワーカーの感情管理を容易にするということを示している。

　こういった労働のありかたは、従来型大規模処遇で行われている、一定の労働内容を設定し効率的に行っていくという働き方の対極に位置づけることができる。それは、その都度の個々の利用者の生活の文脈にそって、臨機応変に労働内容を変えていかざるをえないという文脈依存型の労働である。

4-3　ユニットにおけるケア労働はどのように語られているか

　春日キスヨはいち早く2003年に、パラダイム転換後の小規模化されたユニットケア現場におけるケア労働に関する論考を発表した。そこでは、認知症介護実務者研修の場におけるフィールドワークや実際の勤務体制の点検から、ユニットにおいてはケアする側の自己感情の質が重要で、深く自己を関わらせることの必要性が強調されている、しかも従来に比べてより高度でかつより深い自己の次元までの関わりが、規範力を伴って求められている点が新しいケア労働の特徴と言えるだろうと考察している。

　さらに、ユニットケアの現場においては、その都度の利用者の感情に対して臨機応変かつ即応的に、しかも相互の信頼を作り出すようなケアワーカーの感情の表出を長期的、継続的に行わなければならない。外山の「精神的疲れが増しても、仕事のやりがいが増す」との予測についても、外山にとっての労働概念は依然として身体労働レベルに留まっており、コミュニケーション能力を強

調するものの、それをケアワーカーの「精神的疲れ」（＝感情問題）と分離して、あたかも一つのスキルとして獲得できる能力であるかのように取り扱っている、と批判している。

　そして、認知症の人をユニットにおいてケアするということによる「精神的ストレス」は、「コミュニケーション能力の向上」「仕事のやりがい感」「達成感」等によって相殺されるものではなく、身体的労働による疲労と並ぶ感情労働特有の疲労とみなければならない。今後はケアワーカー自身のアイデンティティ維持を支える諸条件をどう整備していくかが大きな課題であると述べている（春日 2003: 216-36）。

　これに対して上野は、ユニットで起こっている労働強化を感情労働の強化という概念で説明することは、問題の隠蔽につながるとして批判している。第一に、集団ケアであっても感情労働は必要である、第二に、感情労働とバーンアウトの間に一義的な対応関係はない、第三に、感情労働には対価が支払われるがケアワーカーについてはそうではない、第四に、感情労働を強調することによって職業の専門性において劣位であることを追認し、感情労働に伴う心理的報酬が賃金の安さを補償する口実になるというものである。

　上野によれば、春日の指摘する「『ひとりのケアワーカーにかかる責任が大きくかつ孤立した関係のなかでの労働』（春日 2003: 222）が、ユニットケアにおける労働を表現するのに、必要かつ十分だと思える。もちろんこうした状況は彼女が指摘するように『精神的ストレス』をもたらすが、そのストレスは『感情労働だから』生まれるわけではない」（上野 2008: 119）とし、その上であえていうならば「責任労働」というべきもので、人員配置を手厚くするしか答えはないと述べている（上野 2006: 94-117, 2008: 118-9）。

　上野の論考は、前節で紹介した 2005 年の東京大学の調査にもとづくものであるが、調査報告書（上野編 2005）で紹介された「ユニットケアになって、働く側は、苦労が多くなった。利用者もニーズを言いやすくなった。その分スタッフは苦労している」、「関係がいいときはいいが、悪化すると周囲に影響が出てしまう。利用者との間に一線を置かなくてはいけない」（上野編 2005: 283）といった聞き取りデータについても、感情労働と切り離して考察できるのであろうか。ユニットで強調される「なじみの関係」「利用者への寄り添い」という理念に照らしながら、現場での検討が必要である。

［注］
1）高齢社会に備えて、1989年にその後の10年間を見据え、高齢者対策強化の目的で策定された施策計画がゴールドプラン（高齢者保健福祉推進10カ年戦略）である。ゴールドプランでは、市町村における在宅福祉対策の緊急実施、施設の緊急整備が図られ、特別養護老人ホーム・デイサービス・ショートステイなどの施設の緊急整備、ホームヘルパーの養成などによる在宅福祉の推進などを柱として掲げた。

しかし、当初の予想よりも高齢化が進んだため、1994年に全面的に改訂されたものが新ゴールドプラン（高齢者保健福祉計画）である。2000年4月の介護保険制度の導入で生じる新たな需要に対応するため、新ゴールドプランの柱は在宅介護の充実に重点を置き、ヘルパーの数17万人の確保、訪問看護ステーションを5000か所設置するなどを目標とした。

1999年度で新ゴールドプランは終了し、新たに策定された高齢者保健福祉計画の名称がゴールドプラン21である。ゴールドプラン21は、いかに活力ある社会を作っていくかを目標にしている。「いつでもどこでも介護サービス」「高齢者が尊厳を保ちながら暮らせる社会づくり」「ヤング・オールド（若々しい高齢者）作戦」の推進、「支えあうあたたかな地域づくり」「保健福祉を支える基盤づくり」のように、介護サービスの基盤整備と生活支援対策などが位置付けられ、新ゴールドプランには盛り込まれていなかったグループホームの整備を具体的な施策として掲げている。

2）記憶や見当識、判断力、実行機能の障害などの「中核症状」は、認知症の人にほぼ共通してみられる症状である。しかし、これ以外にも、徘徊や妄想、攻撃的行動、不潔行為、異食などさまざまな症状が見られることも多く、これらは「周辺症状」と呼ばれる。この周辺症状は、実際に介護する人を悩ませる行動であるため、これまで「問題行動」とも呼ばれてきた。しかし、問題行動という呼び方は、ケアをする側が問題視しているだけであるという視点に立つと、呼び方自体が介護者側からの視点でとらえた場合の用語であり、不適切なのである。こういったことから現在では、国際的に統一された「認知症の行動・心理症状（behavioral and psychological symptoms of dementia）」という用語を使う。頭文字をとって「BPSD」というのが通例である。

3）認知症の人の生活機能や行動等の特性、生活機能の維持・改善を図るための援助技法等に関する研究開発を推進し、全国の介護の現場に、研修を通して研究成果を還元することを目的とした高齢者痴呆介護研究・研修センター（現：認知症介護研究・研修センター）が東京、大府（愛知県）、仙台の3か所に設置され、2000年度より運営を開始している。そこでは、国内外のさまざまな認知症介護の取組み事例を集約し、その成果を基に都道府県等の指導的役割を担う人材の養成を目的に、「痴呆介護指導者養成研修」（現：認知症介護指導者養成研修）事業を実施している。さらに、都道府県等においては、高齢者痴呆介護研究・研修センターの指導者養成研修の修了者の協力のもとに、認知症介護に携わる施設・事業所の職員および関係機関の職員を対象にした「認知症介護実務者研修」事業を実施しており、これにより認知症介護技術の全体的な向上を図るしくみを新たに構築したものである。

4）「スピーチロック（speech lock）」「ドラッグロック（drug lock）」「フィジカルロック（physical lock）」の三つを「魔の3ロック」という。スピーチロックとは、指示や禁止をする言葉や激しい口調を相手に投げかけ、相手の心身の動きを封じ込めてしまうことをいう。指示・禁

止の言葉は、高齢者の人格を萎縮させBPSDを作り出す。ケアする側の規則やしきたりにあわせようとする上で、ケアするものの不安や、不満、葛藤、イライラなどが反映している。ドラッグロックとは、過剰な薬物投与により心身機能を低下させることをいう。しだいに認知症そのものの症状の悪化や進行を早めることとなるが、ケアする側の環境やスケジュールに合わせるために薬物が使用されることもしばしばであった。フィジカルロックは、身体的拘束を加えて心身の動きを制限し、そのためにさまざまな弊害が生じる状態をいう。紐で縛ったり、居室に鍵をかけたり、立ち上がれないよう椅子にテーブルを固定したりといったことである。介護保険法において原則禁止が打ち出されたが、それ以降も「生命の危険がある」として家族の承諾のもとに少なからず行われている実情がある。

5)「個別的集中ケアで利用者と顔なじみの関係作りが信頼関係を生む。少人数の人を少人数で介護できる環境こそ家庭的な雰囲気が生まれ、利用者の落ち着いた不安のない生活が保障され、認知症の症状が緩和されると考えた。また同時に入所者の役割の発揮や主体性の尊重が可能となり、生活者として位置付けられることが認知症の症状の進行抑制となると捉えている」と、全国社会福祉協議会痴呆性老人のためのグループホームのあり方に関する調査研究委員会で、ことぶき園開設者槻谷氏が発言している。(平成7年度痴呆性老人のためのグループホームのあり方に関する調査研究事業報告書、21ページ、1996年3月)

6)建築学者である外山義(1950-2002)は、1982年〜89年にスウェーデン王立工科大学建築機能分析研究所研究員として高齢者ケアと住環境をめぐる研究に取り組んだ。帰国後は厚生省国立医療・病院管理研究所地域医療施設計画研究室長、東北大学工学部助教授を経て、京都大学大学院教授(居住空間工学講座)として勤務する中で、高齢者ケアと住環境、とりわけ認知症の人と住環境の研究を続け、日本におけるグループホームやユニットケアの理論的推進・指導者として精力的に仕事をした。

7)介護保険法第一条(目的)には、「この法律は、加齢に伴って生ずる心身の変化に起因する疾病等により要介護状態となり、入浴、排せつ、食事等の介護、機能訓練並びに看護及び療養上の管理その他の医療を要する者等について、これらの者が尊厳を保持し、その有する能力に応じ自立した日常生活を営むことができるよう、必要な保健医療サービス及び福祉サービスに係る給付を行うため、国民の共同連帯の理念に基づき介護保険制度を設け、その行う保険給付等に関して必要な事項を定め、もって国民の保健医療の向上及び福祉の増進を図ることを目的とする。」と要介護者の尊厳保持と自立が制度の目的であると明示されている。

8)認知症対応型共同生活介護事業所数について、介護保険制度がスタートする直前(2000年3月末)には全国で260か所であったものが、2002年11月時点では、2,427か所と約10倍の伸びを見せている(倉田2001)。

9)1999年に武田の呼びかけで「特養・老健ユニットケアセミナー」が福島県で開催され、当初の予想をはるかに上回る参加者数700名を集めた。行政・学識者・現場実践者によって広く具体的な方法論が提案され、ノウハウを示したテキストも多く出版された。その後、2002年からは「ユニットケア実践者セミナー」も始まり、勤務表や建物の見取図を公開し、動画や写真を多用しながら利用者の生活の様子を示すといった形での実践者間の意見交換が続けられている。

10)島根県出雲市の精神科クリニックに設けられたデイケア「小山のおうち」では、開設した

1993年より、認知症の人たちが自らの思いを文章にするという実践をしており1997年には『痴呆老人出雲からの報告　いい風吹いて』として出版されている。来日したクリスティーン・ブライデンが訪問し、デイケア利用者と交歓する様子はNHKでもとりあげられた。

11) 若年認知症の当事者である越智俊二氏は、2004年10月17日に京都国際会議場で行われたアルツハイマー病協会国際会議 in KYOTOにおいて日本人としては初めて、実名を公表し講演を行った。その一部始終とその前後の生活についてNHKによりドキュメンタリー作品として放映され、大きな反響を呼ぶとともに、呼応するように各地で認知症当事者の自己主張が始まった。

12) 認知症の理解を広げ、地域でともに支え合う取組みを国民的な運動として推し進めていくことを目的に国の呼びかけで始まり、「認知症サポーター100万人キャラバン」「『認知症でもだいじょうぶ』町づくりキャンペーン」「認知症の『本人ネットワーク』支援」「認知症の人や家族の力を生かしたケアマネジメントの推進」などの取組みが進んでいる。

13) 林原生物化学研究所（岡山市）は、2006年2月、アルツハイマー病の原因と言われている脳のベータアミロイド蛋白の一部とアミノ酸を組み合わせたワクチンを創り、マウスの血液中にアミロイドベータ蛋白の抗体を通常の数百倍多く作ることに成功した。ほかにもワクチンについては、エーザイ、国立長寿医療センター研究所での研究が進んでいる。

14) 特別養護老人ホームについては、「特別養護老人ホームの設備及び運営に関する基準（平成11年3月31日厚生省令46）第12条」「指定介護老人福祉施設の人員、設備及び運営に関する基準（平成11年3月31日厚生省令39）第2条」、介護老人保健施設については、「介護老人保健施設の人員、施設及び設備並びに運営に関する基準（平成11年3月31日厚生省令40）第2条」による。

15) おむつの定時交換とは、あらかじめスケジュールによって定めた時間にのみ、おむつ交換を行う方法であり、随時交換とは、時間を定めることなく排泄の都度交換することをいう。かつては、作業効率を重視する立場から定時交換が主流であったが、排泄後のおむつを交換せず放置することによるスキントラブルや臭気といった介護上の問題への対応、さらには利用者の尊厳の視点から随時交換が推奨されるようになっている。現在は、定時交換をベースに利用者に応じた随時交換を加えていくといった方法が主流である。

16) マイケル・ポラニーは、人には言葉にしづらかったりできなかったりする知識と、言葉にしやすい知識の二つの知識があるとしている。言葉にしづらいもの、数字や理論づけしづらいものを「暗黙知」とし、反対に言葉や数字にすることが容易なものを「形式知」とした。認知症の人の「からだの表情を読む」といった部分では、医学モデル的な知識でなく、「様子が何か変だ」とか「どうもおかしい」といった日頃の関係や経験に基づいた直観や気づきが役立つことが多い。

17) 2005年2月11日深夜から12日朝にかけて、グループホームにおいて、夜勤専門のパート介護職員が認知症の高齢者を殺害するという事件が起きた。女性入居者が寒さを訴えたため石油ファンヒーターをつけたが、この入居者が何度もヒーターを足でけり、自動消火が繰り返されたことに立腹。至近距離からヒーターの熱風を当て、熱傷性ショックによって殺害したとされる。容疑者は「死んでおわびしたい」という趣旨の遺書を残して、施設内で自殺を図ったが未遂。（朝日新聞2005年2月15日）この事件をきっかけに、認知症ケアの困難さ

や介護職員の待遇の問題がクローズアップされた。新聞やテレビでの特集が組まれたほか、「あれは自分ではなかったか――グループホーム虐待致死事件を考える」セミナーが下村恵美子（宅老所よりあい代表）、高口光子、三好春樹により開催され、のちに著書としてまとめられた。

18) 千葉県内のユニットケア実施特別養護老人ホームでの虐待事件をNHKの報道番組『クローズアップ現代』がとりあげた（「なぜ介護の現場で虐待が」2006年11月7日放送）。ここでも高口光子がコメンテーターとして出演し、孤独な労働がケアワーカーを追い詰めるといった解説をした。

第 2 章
「日常生活を共にする」ケアとは何か
―― 「疑似的家事労働領域」と「ながら遂行型労働」

　本章では、ユニットケアが目指した「家庭的な環境で日常生活を共にするケア」が実際のケア現場でどのような形で具現化されているか、ということについて見ていく。検討するデータは、ユニットケア実施の介護老人保健施設「アオギリ園」のケアワーカーＡさん、ユニットケア実施の特別養護老人ホーム「トチノキ園」のケアワーカーＮさん、従来型大規模処遇の介護老人保健施設「クスノキ園」のケアワーカーＯさん、従来型大規模処遇の特別養護老人ホーム「ネムノキ園」のケアワーカーＳさん、それぞれの勤務を 3 日間にわたって観察したものである。

　結論を先取りすると、ユニットケアの場では食事の準備や片付けといった「疑似的家事労働」領域が誕生していた。それは身体介護とともに、膨大なコミュニケーションを伴いながらその時々の利用者の状況に応じて、多様な行為を同時並行的に行うといった「ながら遂行型」労働としてなされていた。こういった状況は、従来型大規模処遇において行われている機能分化させたうえでの効率的な労働の進め方とは大きく異なっていた。

1　認知症の人と「日常生活を共にする」ことの意義

　ユニットケアという言葉における「ユニット」とは、そもそも何を表すのだろうか。それは、「生活単位」である。かつての大規模処遇施設においては、ケアする側の都合に基づいた「介護単位」という表現が用いられていた。建物の階をまたがず一つのフロア上にあってケアワーカーがローテーション勤務を組めるだけの人数規模で、一般的には 30 〜 50 人の利用者をまとめて一つのケ

アチームが担当していた。そこには利用者側の視点はなかった、という反省から、ユニットケアではまず利用者の生活を中心に据えて「生活単位」を再構成するといった意味合いが込められている。

　認知症の人には精神病院での生活ではなく、これまでの暮らし方を継続できる生活の場がふさわしいという発見は、グループホームでの実践にある。第1章でみたとおり、日本におけるグループホームケアの実践者は、病院や大規模な老人ホームにおける様々な規律や画一化されたケアの中で認知症の人の混乱が引き起こされる状態を見てきた人たちであり、そこから脱する方策としてグループホームケアという実践を試みた人たちである。認知症の人は「生活障害者」であるという認識の下、生活の再編と安心の場としての「家庭」を作ろうとしたものがグループホームに他ならない。ケアワーカーは、「家族」として接しながら、安らぎと楽しみのある雰囲気の中で24時間のケアを行う。生活のあらゆる場面を通して、その人に残っている力を引き出し、暮らしの中で生かして使えるようにケアをする。その過程を通じて本人が暮らしを編みなおし、喜びと誇り、さらに暮らしの安定が得られるよう支援するというのがグループホームにおけるケアワーカーの在り方である（林崎1996）。

　具体的には、認知症の人一人ひとりの生活歴を知ったうえで日常生活の環境を整え、現時点でのその人にできることとできないことを見極めながら、役割を再獲得できるよう働きかける。役割の再獲得は利用者の生活の連続性を取り戻し、自尊心維持や喜びにつながる。ここでは、役割としての行動が完全にできることを目指すのではなく、利用者本人が達成感を抱けるように、できない部分はさりげなくサポートすることが必要になってくる。

　当時NHK解説委員でもあった小宮英美が紹介していたのは、老人保健施設で無為に過ごし、下着のゴムを抜いてはトイレットペーパーを紐代わりにコヨリ状に撚るといった行動を繰り返していた認知症の人が、グループホームで「大好きなねえちゃん」のために着物の着付けをしたことを契機に、生き生きと日常の家事に参加するといったように変化した姿であった。その背後には日常生活を共にする中で利用者の可能性を見極め、若いころの職歴を確認し、失敗をさりげなくカバーできるよう着付けのできるケアワーカーが寄り添ったという周到な準備があった（小宮1999）。

　このような形で日常生活を共にしながら彼らに寄り添うことで、認知症の発

症によって揺れ動き、「わたし」を生きることを諦めた人たちに「わたし」を取り戻す力を与えることが可能になる。それは小規模化された「なじみの関係」の中で可能になるのである。

本章ではユニットケア現場において、利用者と「日常生活を共にする」という理念がどのように具現化されているのかということについてみていく。まず、本論に入る前に調査方法と対象について紹介する。

2 調査の対象と方法

相互作用過程を観察するということについては、様々な方法があるが、ここで採用したのはタイムスタディ法である。しかしタイムスタディ法といっても、経営学におけるインダストリアル・エンジニアリング（Industrial Engineering: IE）といったいわゆる第1の系譜のものではなく、第2の系譜といわれる（渡邊 2010: 5-10）生活時間調査の方法を選んだ。両者の概要と特徴について次に紹介する。

2-1 タイムスタディ法

科学的管理法の祖とされるF.W.テイラーは、1881年に初めてストップウォッチを用いて、工場労働者の作業時間の計測を行った。その目的は工場労働における標準の作業時間と作業量を決定するという経営学的視点にあった[1]。その後経営学のみならず、看護・医療・社会福祉の分野での研究にもタイムスタディ法が重用されるようになった[2]。現代日本において、社会福祉の分野でタイムスタディ法が多用されている背景としては、2000年の介護保険制度が大きく影響している。

介護保険制度における要介護認定は、介護の必要度を医学的な機能障害の重さではなく、介護の手間（＝時間）によって捉えることで成り立っている。この算定の基礎となったものは全国社会福祉協議会（全社協）によるタイムスタディ法による調査であった（全社協 1996）[3]。全社協では、1分間タイムスタディを「質の高いサービスを提供している」として推薦を受けた介護力強化病院、老人保健施設、特別養護老人ホームの合計51施設の入所者3,403名、職員2,376名に対して行った。328種類の介護動作別の所要時間が入所者1人に対し

て2日間にわたり計測された。調査は職員ごとに実施した後に、対象入所者ごとに集計された。この調査データをもとに、心身の状態を捉える調査項目から、総介護時間を予測するといった要介護認定の判定基準が構築されたのである。

介護労働をタイムスタディ法で検討するという調査研究についてこれまでになされたものを見ると、日常業務の実態を把握するという基本的な部分は共通するものの、業務内容や作業時間に影響を与える要因（例えば、介護職員の経験や資格など）を明らかにしようとする研究（石橋 1999, 副田ほか 2003）、適正な人員配置や介護報酬を検討するなどの政策的志向を持つ研究（渡辺 1992, 小埜寺ほか 2004）などがある。國定は要介護認定で用いられたタイムスタディ調査の記録法に関する問題を検討するために、介護保険制度下の施設において小規模なタイムスタディを実施した（國定 2003）。その結果、何点かを問題として指摘している[4]が、その中の今回の調査と関連する点を二つ紹介する。

第一に、タイムスタディ調査では認知症の介護を捉えにくい。記録上では身体介護だけが記載され、BPSDに対する予防的な声かけなどの介護は抜け落ちてしまいがちである。また、声かけが記録された場合にも、日常的な会話と誤ってコーディングされてしまう場合がある。実はBPSDへの対応だったことを第三者の記録者が把握することが困難であったという事例がある。第二に、すべての介護が記録されない点である。複数の介護が行われる場合、優先される内容だけが記録されるようになっている。また1分間タイムスタディ法がとられているため、30秒以下であってもすべてが1分間として記録されてしまうというものである。

では、こういった点をカバーするためにはどのような調査法が適しているのであろうか。次に生活時間調査について紹介する。

2-2 生活時間調査

生活時間調査は、複数の学問領域のみならず、行政の調査や商業的な目的の調査としても実施されてきた。1964年に「国際生活時間学会（International Association for Time Use Research: IATUR）」が設立されている。日本では家政学や労働科学の分野で研究蓄積があり、戦後初期の家政学では家事労働の動作やエネルギー代謝量を把握し、必要なカロリー摂取量を算定するなどの調査があった。1950年代には家政学においては生活実態について家族経営の観点か

らの把握、労働科学においては労働時間・生理的時間・余暇時間などの労働力再生産のための時間配分が問題とされた。

NHKによる国民生活時間調査は、1960年から継続して実施されている[5]。その特色として、一つには、さまざまな行動（睡眠、食事、仕事、家事、勉強、テレビ、レジャー活動など）を行っている人の率が15分刻みで分かる。次に、それらの行動にかけた時間量が分かる。さらに、同時に二つ以上の行動を行う『ながら行動』の実態が分かるといったことがあげられる。この方法は、介護場面を正しく観察することができれば、國定が指摘したタイムスタディ法の難点をクリアできる可能性があると考えられる。

介護の分野におけるこれまでの調査研究としては、介護者・要介護者の生活時間の分析が行われているが、タイムスタディ法同様、介護保険制度の導入と時期を同じくして調査が増えている。調査課題としては、医療依存度の高い患者（金久1997）や認知症の人（神垣・白澤1990、山田ほか2001）など特定のニーズを持つ対象者を選んで、その生活時間や必要な介護に注目した研究が多い。

次に本調査の対象施設について紹介する。

2-3　調査の対象

今回の調査においては、ユニットにおけるケア労働を従来型大規模処遇施設のそれと比較するため、ユニットケア実施施設2か所（介護老人保健施設と特別養護老人ホーム）および従来型大規模処遇施設2か所（介護老人保健施設と特別養護老人ホーム）でフィールドワークを行った（表2-1）。

介護保険施設の特性は、その経営主体がどのような性格（公、民、そのほか）を持つかによって大きく変わる。2008年の調査によれば、介護老人福祉施設（特別養護老人ホーム）の95.0％、介護老人保健施設の92.7％が民間によって運営されている[6]。したがってここでは、ユニットケア実施施設の多くを占め、今後のユニットケアを考える上で大きな意味を持つであろう民間経営のものに焦点をあてた。また、生活の場である特別養護老人ホームと、医療的ケアの側面を強く持つ介護老人保健施設では、ケアワーカーの労働内容や労働過程も異なるであろうと考えたため、2種類の施設を対象とした。

調査対象とした4施設とも介護保険制度下で運営されている入所系施設であり、ばらつきはあるものの利用者はすべて認知症を有し要介護状態にある人々

表 2-1　参与観察施設の概要

特性	ユニットケア実施施設		従来型大規模処遇施設	
施設種別	介護老人保健施設 アオギリ園	特別養護老人ホーム トチノキ園	介護老人保健施設 クスノキ園	特別養護老人ホーム ネムノキ園
調査時期	2008年3月　3日間	2009年8月　3日間	2009年3月　3日間	2009年9月　3日間
観察できた時間	1,695分	1,590分	1,605分	1,740分
入所定員 (ショートステイ含む)	100人 1フロアに4ユニットずつ3フロア (1ユニット8〜9人)	60人 1フロアに3ユニットずつ2フロア (1ユニット10人)	100人 1フロア50床で2フロア	70人 1フロア35床で2フロア
看護・介護職員数	看護職員10人、 介護職員42人	看護職員3人、 介護職員31人	看護職員15人、 介護職員34人	看護職員4人、 介護職員25人
職員の配置	ユニットに配置されるが、夜勤時は隣接する2ユニットを一人が担当する。	ユニットに配置されるが、夜勤時は隣接する2ユニットを一人が担当する。	フロアに配置されるが、役割により、2フロアにまたがって勤務することもある。	基本的にフロア配置はない。どちらで勤務するかは勤務表により指定される。
日中の勤務者：利用者数	1〜2人：8人	1〜3人：10人	6〜9人：50人	5〜7人：35人
参与観察フロアの利用者像	認知症があり、比較的自立度の高い利用者が多い。	要介護度4〜5で、寝たきり、認知症重度の利用者が多い。	認知症専用フロアが主。身体的自立度は様々。	認知症専用フロアが主。身体的自立度は様々。
居室	全室個室・ 共用トイレなし	全室個室・ 共用トイレあり	4人部屋17室、2人部屋9室、個室14室	4人部屋6室、3人部屋3室、2人部屋13室、個室11室
ケアシステムの特徴	食器はすべてユニット管理。米飯はユニットで米を洗い炊く。おやつもユニットで作るか購入する。	食器は一部のみユニット管理。米飯はユニットで炊くが、厨房の職員が洗った米をユニットまで仕掛けに来る。おやつも厨房で作られ配られる。	食事と入浴において個別ケアを志向。食事は米飯は保温ジャー、汁物は鍋で届けられる。副食のみ個別の膳。入浴は流れ作業にならないよう、担当職員が搬送、脱衣、洗身、入浴、着衣、整容、搬送を通して一人の利用者を担当する。トイレは男女共用、目隠しカーテンはほとんど閉められない。	流れ作業型。食事時に用意するものは、お茶を注ぐコップとエプロンのみ。入浴は搬送係、着脱衣・整容係、洗身・入浴係に分かれ、浴室前廊下に順に車いすに座った利用者が並ぶ。トイレは男女共用、目隠しカーテンはほとんど閉められない。

である。以下にそれぞれの施設を紹介する。

(1) ユニットケア実施／介護老人保健施設　アオギリ園

a. 運営主体と運営方針

　アオギリ園は2004（平成16）年事業開始の短期入所療養介護（ショートステイ）を含み定員100人、3フロア12ユニットの完全個室型介護老人保健施設で

ある。運営主体は医療法人アユミ会であり、理事長を同じくする社会福祉法人アユミ会とともに積極的に高齢者保健福祉分野に事業を展開している。理事長は医師であり、昭和後期から地域での診療活動を展開していた。高齢者介護分野への進出は早く、社会福祉法人設立は1993（平成5）年にさかのぼる。法人の理念として、利用者に「やすらぎ」「よろこび」「豊かさ」をもった生活を提供することを掲げている。調査時には二つの法人によって、介護老人保健施設2か所、特別養護老人ホーム1か所を含む介護保険事業所20か所を展開していた。ISO9001取得の他、北欧の福祉先進地といわれる地域との交換研修なども実施しており、介護職員の全国研修会等でも活発に発言をしている法人である。

現在、理事長がアオギリ園に関与するのは週1回の回診によるものが主であり、法人の理事である理事長夫人が施設の事実上の経営者として運営を担っている。

b. 建物、設備、利用者

アオギリ園は地方都市の市街地に近いやや閑静な田園地帯にあり、利用者は地域の高齢者が主である。5階建て施設の1階が通所リハビリ（デイケア）、事務所、地域交流スペースであり、高齢者用の筋力トレーニング機器を備え、出張美容師による美容サービスコーナー、入所者も外来者も利用できる喫茶・売店を設置し、様々なクラブ活動で地域の高齢者が集まるような仕掛けがなされている。2階から4階までが入所者用のフロアであり、各階は中庭とホールを囲む形で四つのユニットに分けられ、各ユニットに8〜10人の利用者が生活している。2008年時点での、利用者の平均要介護度は3.12である。

2階は重度認知症の利用者用、3階は比較的自立度の高い利用者用、4階は医療依存度の高い利用者用というように開設当初は設定されていたが、身体介助量の増加や認知症の人の増加により、開設当時ほど各フロアの差異はなくなっているとの管理者の説明であった。

c. 職員

アオギリ園で勤務する医師は常勤1人、薬剤師は非常勤1人、看護職員は常勤10人、非常勤1人計11人で常勤換算人数[7]では10.1人、介護職員は常勤37人、非常勤11人計48人で常勤換算すると42.6人である。常勤換算の看護・介護職員が52.7人ということは、法で定められた34人（定員100人の

場合）を大きく上回る数字である。他に常勤換算で理学療法士 2.3 人、作業療法士 1.1 人、言語聴覚士 1 人を配置しリハビリテーションにも力を入れている。同様に管理栄養士 1.5 人、栄養士 3 人、介護支援専門員 2 人、調理員 3.2 人、事務員 4.2 人である。

　d．特徴的な取り組みとして説明されたこと
　アオギリ園で特に力を入れているのは「食事」であり、オール電化厨房のリーダーはホテルでコック長を経験した人である。アユミ会全体での取り組みであるが、研究機関と連携して介護食に関する技術を開発しており、マスコミで取り上げられたこともある。1 階の厨房で調理されたものが真空パック、もしくは鍋に入った状態で各ユニットに運ばれユニットのキッチンで温め直されたり食器に盛りつけられたりして配膳されるといったしくみである。主食に関して米飯はユニットの炊飯器で炊いている。
　介護の面では、北欧との交流を通して「コンタクトマン制度」の導入、交換研修による実地指導といったことが行われている。「コンタクトマン制度」とは、いわゆる担当制であり利用者本人および家族との連絡・調整を決められた担当者が行うといった制度である。一人のケアワーカーが 2～3 人の利用者を担当し、ケアの記録を折々にまとめたり家族への近況を知らせる手紙を書いたり、利用者への誕生日のお祝いを考えたりといった活動を担っている。

（2）ユニットケア実施／特別養護老人ホーム　トチノキ園
　a．運営主体と運営方針
　トチノキ園は 2004（平成 16）年事業開始で入所定員 50 人、短期入所生活介護（ショートステイ）10 床の、2 フロア 6 ユニットの新型特養である。運営主体は社会福祉法人ミノリ会であり、土木建築業界から介護保険事業への参入をした。当初、特別養護老人ホームほか数事業所を立ち上げたが、利用者の獲得がままならず通所介護 1 事業所を途中で閉鎖したという経緯がある。
　法人の理念は、「ゆったりと過ごす時間、一人ひとりに合わせた生活、地域と共に生きる」と説明されている。運営方針として、コミュニケーション重視、あきらめないケア、もうひとつの我が家としてのケア、情報公開と説明責任に基づき共に考える姿勢を持つという 4 点が示されている。

施設の運営は被雇用者である施設長にまかされているように見えるが、最終決済は理事長が行っているとのことで、施設長の辞職が続き、調査時の施設長は3代目にあたる。彼は30代前半の男性介護福祉士であり、施設長に抜擢される前には事務を担当していたこともあり、職員とは「施設長」ではなく「○○さん」と氏名で呼び合う関係を築いている。

　b．建物、設備、利用者
　トチノキ園は地方都市の市街地に近いやや閑静な田園地帯にあり、利用者は市内全域あるいは隣接する他市町村の高齢者が主である。2階建て施設は、東西に貫く中央廊下を挟んで北側の管理部門と南側の三つのユニットに分かれている。ユニットとユニットの間には園芸スペースがあり、ユニット間移動はいったん中央廊下に出る形になる。各ユニットに10人の利用者が生活している。2009年時点での利用者の平均要介護度は4.02である。

　c．職員
　トチノキ園で勤務する医師は非常勤1人、生活相談員は常勤1人と非常勤1人の計2人で常勤換算すると1人、看護職員は常勤3人、介護職員は常勤27人と非常勤4人計31人で常勤換算すると29.6人である。常勤換算の看護・介護職員が32.6人ということは、法で定められた20人（定員60人の場合）を上回る数字である。看護職員3人については法定数であるが、他に管理栄養士1人、機能訓練指導員1人、介護支援専門員1人、事務員1人が勤務している。

　d．特徴的な取り組みとして説明されたこと
　トチノキ園で特に力を入れているのは「季節の行事」であり、1階のウッドデッキや2階の屋上広場を使って利用者の笑顔を引き出す取り組みをしている。また特徴的だったことは施設長から、利用者の要介護度が高いという説明に続き、「要介護度の高い利用者にとって、ユニットケアは意味がない。それどころかホテルコスト[8]がかかる分、負担が増すばかりである。この制度には大いに疑問がある」という意見が述べられたことである。自立度が低下し、家事にも参加できず意思疎通も困難な利用者にとって個室やそれにともなう割高のホテルコストは、無駄な出費にしか過ぎないという施設長の主張である。この

ことは、重度化した利用者に対しては例えユニットであっても、従来型大規模処遇と同様のケアしか提供できないという現状を語っていると解釈できた。加えて、ケアワーカーの退職率が低いことが本施設の誇りであると語られた。27人の常勤ケアワーカーのうち、前年度の入退職者は0であり、利用者と安定したなじみの関係が築けていることが示唆された。

(3) 従来型大規模処遇／介護老人保健施設　クスノキ園

a. 運営主体と運営方針

クスノキ園は1993（平成6）年事業開始で短期入所療養介護（ショートステイ）を含み定員100人の介護老人保健施設である。運営主体は医療法人サクラ会であり、隣接するサクラ診療所はそれ以前から地域密着の医療活動を展開していた。介護保険制度開始以降、クスノキグループとして社会福祉法人クスノキ会、営利法人（有限会社）3社を次々と立ち上げ、調査時には介護老人保健施設1、診療所1、訪問看護ステーション1、ケアハウス1、グループホーム2、有料老人ホーム2、訪問介護事業所1、福祉用具販売店1、デイサービス4事業所他を展開するにいたっていた。急激な事業拡大の中で虚偽書類をもって介護保険サービスの事業所指定を受けていたとして、事業所1か所が指定取り消しをされたといった事実もある。

法人の理念は、「誠心誠意介護を行う、親切、優しさ、その人がその人らしく暮らせるように」と説明されている。

b. 建物、設備、利用者

クスノキ園は地方の閑静な田園地帯にあり、利用者は地域の高齢者が主である。3階建て・一部4階建て施設はL字型に建てられており、1階には管理部門と通所リハビリ、在宅支援部門、2・3階が入所施設、4階には会議室等が配置されている。エレベーター、職員室、食堂兼リビングを中心に、東西方向と南北方向に廊下が伸び、その両側に居室が配置されている。各階に50人の利用者が生活しており2階は医療依存度の高い人、3階は認知症の人といったように振り分けられている。2009年時点での利用者の平均要介護度は3.59である。

c. 職員

　クスノキ園で勤務する医師は常勤1人、薬剤師は非常勤1人、看護職員は常勤9人、非常勤4人計13人で常勤換算人数では12人、介護職員は常勤25人、非常勤8人計33人で常勤換算すると30.5人である。常勤換算の看護・介護職員が42.5人ということは、法で定められた34人（定員100人の場合）を上回る数字である。他に常勤換算で理学療法士1人、作業療法士1人、管理栄養士1人、介護支援専門員1人、事務員4人である。

　d. 特徴的な取り組みとして説明されたこと

　クスノキ園で特に力を入れているのは「季節の行事」であり、「郷土料理の日」と称して日本各地の郷土料理を提供したり、家族を招いての喫茶会、運動会、エアロビクス、アロマセラピーをしたりといった盛りだくさんの行事がなされている。レクリエーションも大がかりで、通所介護サービス利用者も含め100人規模のレクリエーションが日常的に行われている。

(4) 従来型大規模処遇／特別養護老人ホーム　ネムノキ園

　a. 運営主体と運営方針

　ネムノキ園は1995（平成7）年事業開始で入所定員50人、短期入所生活介護（ショートステイ）20人の特別養護老人ホームである。運営主体は社会福祉法人ネムノキ会であり、昭和後期に特別養護老人ホームを開設後、通所介護、二つめの特別養護老人ホーム、ケアハウス、介護老人保健施設と事業を拡張してきた。調査時には、特別養護老人ホーム2か所、介護老人保健施設1か所、通所介護事業所2か所、ケアハウス2か所、ケア付き高齢者住宅1か所等を運営していた。介護の質の向上に力を注いでおり、研究会等への事例発表等も活発に行っている法人である。

　法人の理念は、「お客様に満足と信頼が得られる施設づくり」と説明され、運営方針として「顧客に満足と信頼が得られる福祉施設を築き、福祉の向上と地域社会に貢献する」が掲げられている。

　b. 建物、設備、利用者

　ネムノキ園は田園地帯にあり、利用者は地域の高齢者が主である。公共交通

機関網から外れているため、訪問者は自家用車かタクシーを利用することになる。4階建て施設は東西に長く建てられており、1階には管理部門と通所介護、在宅支援部門、2・3階が入所施設、4階にはケアハウスが配置されている。エレベーター、職員室、食堂兼リビングを中心に、東西方向に廊下が伸び、その両側に居室が配置されている。各階に35人の利用者が生活しており2階は医療依存度の高い人と自立度が高い人、3階は認知症の人といったように振り分けられている。2009年時点での利用者の平均要介護度は3.74である。

c. 職員

ネムノキ園で勤務する医師は非常勤1人、生活相談員3人、看護職員は常勤3人、非常勤1人計4人で常勤換算人数では3.5人、介護職員は常勤25人、非常勤0人計25人である。常勤換算で看護・介護職員が28.5人は、法定数24人（定員70人の場合）に若干の上乗せをした人数であるが、介護職員が全員常勤であることは安定した勤務体制が作れていることが示唆される。他に常勤換算で機能訓練指導員1人、管理栄養士1人、介護支援専門員1人、事務員1人が勤務している。

d. 特徴的な取り組みとして説明されたこと

ネムノキ園で特に力を入れているのは「接遇」であり、先に紹介した運営方針ならびに、「オアシス運動　1. おはようございます、2. ありがとうございます、3. 失礼します、4. すみません」といった標語を朝礼において全員で確認し読み上げている。朝礼には、施設長以下、管理部門職員、相談員、看護師、栄養士、ケアワーカー（夜勤者と早出勤務者が各階から1人ずつ）、在宅支援センター職員、通所介護職員が参加している。また、日曜・祝日においても出勤者で必ず朝礼をし、インシデントレポート[9]の交換など、日常の連携がスムーズにできるよう注意しているとのことであった。

2-4　調査の方法

調査対象とした4施設における、特定した一人のケアワーカーをインフォーマーとし、3日間の労働を観察した。インフォーマーは入職後3年程度の介護福祉士養成校を卒業した新人であり、調査参加を了承してくれたケアワーカー

とした。入職後3年程度を目安としたのは、新しい認知症ケア理念の下に養成教育を受けた世代の人たちであり、利用者本位という基本的姿勢に立つことができていると考えたためである。観察期間の3日間については、利用者の24時間の生活をカバーするためには、ケアワーカーの勤務体制において3日間にわたる勤務になるという都合である。観察対象者以外の職員には調査目的を説明し、利用者に対してはケア提供責任者に相談のうえ、実習あるいは研修という形で説明をしていただいた。

　観察されたケアワーカーの行動は、タイムスタディ調査における「連続観測法」、すなわち時計を利用して、対象者のすべての行動を開始から終了まで連続して詳細に測定・記録する方法でフリーテキストの観察記録として記述した。記述は、観察対象者を記録者が観察記録していく他計式（observation）である。データ内容の解釈を間違えたり、誤分類したりする危険性を避けるために行為内容の確認を適時行った。

　その後、国民生活時間調査（NHK放送文化研究所）の方法に則ってデータを整理した。ケア内容の分類は、介護保険制度初期において要介護認定に用いられたケアコード表に独自に一部項目を追加したものを使用した[10]。今回の調査にあたって追加した項目は従来型施設では行われていなかった調理や食器の洗浄・片付けといった「食事に関する家事」、利用者間の関係の見守りや介入といった「利用者間調整」である。これらはケアコード表の内容と重複させながら記載した。また、ケアワーカー自身の「自己維持と充足」にあてられた時間も記載した。これは、食事、排泄などの「生理的欲求の充足」と「労働の緊張から解かれる形での休息」といった時間である。整理した表の様式は表2-2である。

　総観察時間は4つの施設で異なった（表2-1）が、利用者の活動時間（6時～20時）を対象に二つの方法でデータの整理を行った。まず一つは、15分ごとに区切った時間に該当の行為を少しでも行った割合である。行為ごとに総時間数に占める「印のついたマス目」の割合を「行為率」と名付けた。例えばアオギリ園における「更衣」については、全67枠の（＝1,005分）うち12枠に印がついたので行為率は17.9％である。次に、同じ15分間のうちでどのように異なった労働をしているのかについて検討するため、調査票のマス目について縦方向に印を数え同時に行った行為の種類数とした。以下、観察記録とあわせ

表 2-2 調査表（一部）

大分類	中分類	16:00				17:00				18:00				19:00			
清潔整容更衣	清拭																
	洗髪																
	洗面・手洗い		◎								◎						
	口腔ケア								◎				◎				
	整容																
	更衣								◎		◎		◎				
	その他																
入浴	入浴																
	浴室内の移動等																
	その他																
排泄	排泄													◎			
	排泄時の移乗等																
	その他																
食事	食事	◎	◎	◎	◎					◎	◎	◎	◎				
	その他																
移動移乗体位変換	移動					◎		◎		◎		◎	◎				
	移乗					◎				◎		◎					
	体位変換																
	その他																
機能訓練	理学療法的訓練																
	作業療法的訓練																
	言語療法的訓練																
	体操																
	物理療法																
	その他の機能訓練																
	その他																
問題行動	問題行動発生時の対応		◎							◎		◎					
	問題行動の予防的対応									◎							
	問題行動の予防的訓練																
	その他																
医療・看護	薬物療法（経口薬、坐薬、注射・自己注射、輸液、輸血など）								◎								
	呼吸器・循環器・消化器・泌尿器にかかる処置（吸入、吸入、排痰、経口・経管栄養、摘便、浣腸など）																
	運動器・皮膚・眼・耳鼻咽喉・歯科及び手術にかかる処置（牽引、固定、温・冷罨法など）												◎				
	観察・測定・検査																
	指導・助言																
	診療介助																
	感染予防																
	巡視					◎											
	その他																
その他の業務	その他の日常生活（起床・就寝・集う・テレビを見る・読書をする・たばこを吸うなど）		◎		◎		◎				◎		◎				
	行事・クラブ活動																
	コミュニケーション	◎	◎	◎	◎	◎	◎	◎	◎	◎	◎	◎	◎	◎	◎		
	入所(院)者物品管理																
	情報収集・生活指導																
	環境整備											◎					
	記録・調整（職員に関することを除く）	◎					◎				◎					◎	◎
	職員に関すること					◎											
	その他																
ユニットに特徴的なもの	食事に関する家事	◎	◎	◎						◎	◎	◎		◎			
	利用者関係見守り						◎			◎	◎	◎					
	関係介入			◎						◎		◎					
ケアワーカー自身の自己維持・充足	休憩・同僚とのお喋り				◎												
	食事																
	排泄																
	その他																

表2-3 各行為の総時間に占める割合（行為率%）

		ユニットケア実施		従来型大規模処遇	
		アオギリ園Aさん	トチノキ園Nさん	クスノキ園Oさん	ネムノキ園Sさん
清潔整容更衣	清拭	0.0	6.3	0.0	1.4
	洗髪	0.0	0.0	0.0	0.0
	洗面・手洗い	28.4	25.0	15.4	15.7
	口腔ケア	10.4	12.5	6.2	2.9
	整容	10.4	9.4	10.8	7.1
	更衣	17.9	12.5	32.3	28.6
	その他	0.0	0.0	0.0	0.0
入浴	入浴	7.5	9.4	24.6	5.7
	浴室内の移動等	1.5	6.3	10.8	2.9
	その他	0.0	0.0	0.0	0.0
排泄	排泄	29.9	43.8	12.3	20.0
	排泄時の移乗等	22.4	29.7	12.3	14.3
	その他	0.0	0.0	0.0	0.0
食事	食事	68.7	71.9	32.3	38.6
	その他	0.0	0.0	0.0	0.0
移動移乗体位変換	移動	37.3	40.6	41.5	40.0
	移乗	23.9	23.4	33.8	27.1
	体位変換	10.4	14.1	6.2	5.7
	その他	0.0	0.0	4.6	1.4
機能訓練	理学療法的訓練	0.0	0.0	0.0	0.0
	作業療法的訓練	0.0	0.0	0.0	0.0
	言語療法的訓練	0.0	0.0	0.0	0.0
	体操	0.0	0.0	1.5	0.0
	物理療法	0.0	0.0	0.0	0.0
	その他の機能訓練	0.0	0.0	0.0	0.0
	その他	0.0	0.0	0.0	0.0
問題行動	問題行動発生時の対応	16.4	3.1	4.6	0.0
	問題行動の予防的対応	7.5	3.1	0.0	2.9
	問題行動の予防的訓練	0.0	0.0	0.0	0.0
	その他	0.0	0.0	0.0	0.0
医療・看護	薬物療法（経口薬、坐薬、注射、自己注射、輸液、輸血など）	10.4	14.1	9.2	0.0
	呼吸器・循環器・消化器・泌尿器にかかる処置（吸引、吸入、排痰、経口・経管栄養、摘便、浣腸など）	13.4	25.0	0.0	1.4
	運動器・皮膚・眼・耳鼻咽喉・歯科及び手術にかかる処置（牽引、固定、温・冷罨法など）	1.5	7.8	7.7	1.4
	観察・測定・検査	6.0	7.8	0.0	7.1
	指導・助言	0.0	0.0	0.0	0.0
	診察介助	0.0	0.0	0.0	0.0
	感染予防	0.0	4.7	0.0	0.0
	巡視	10.4	10.9	0.0	4.3
	その他	0.0	0.0	0.0	0.0
その他の業務	その他の日常生活（起床・就寝・集う・テレビを見る・読書をする、たばこを吸うなど）	37.3	28.1	13.8	22.9
	行事・クラブ活動	0.0	1.6	4.6	0.0
	コミュニケーション	98.5	90.6	76.9	68.6
	入所(院)者物品管理	0.0	0.0	0.0	4.3
	情報収集・生活指導	0.0	0.0	0.0	0.0
	環境整備	17.9	40.6	23.1	28.6
	記録・調整（職員に関することを除く）	37.3	32.8	60.0	67.1
	職員に関すること	1.5	1.6	70.7	14.3
	その他	3.0	0.0	6.2	8.6
ユニットに特徴的なもの	食事に関する家事	53.7	46.9	21.5	8.6
	利用者間調整　関係見守り	34.3	4.7	0.0	0.0
	利用者間調整　関係介入	11.9	3.1	0.0	0.0
ケアワーカー自身の自己維持・充足	休憩・同僚とのお喋り	1.5	9.4	12.3	14.3
	食事	1.5	1.6	6.2	2.9
	排泄	1.5	1.6	3.1	1.4
	その他	0.0	0.0	0.0	0.0

て結果を述べていく。

3 コミュニケーションにおける質と量の差

　15分ごとに区切った時間に該当の行為を少しでも行った割合である「行為率」の全体像は表2-3のとおりである。ケアワーカーの労働内容は利用者の心身の状態に応じ必要とされる支援自体が変化する。また大規模処遇においてチームとしてケアを提供する場合には当日の役割分担によって大きく制約を受ける。例えば表2-3の「入浴」ではクスノキ園において観察対象としたケアワーカーが当日「入浴係」であったため、他の施設に比べ行為率が高くなっているといったことである。そのため、今回の調査で観察された行為についても、その内容を詳細に比較することに大きな意味はないと考える。したがって、ここでは特徴的な点のみを取り上げることとした。

　ユニットケア実施施設と従来型大規模処遇施設で大きく見られた差異は、次の三点である。第一点は「排泄介助」「食事介助」「コミュニケーション」においてユニットケア実施施設の行為率が従来型に比べて高く、それに相反するように「記録・調整」、ケアワーカー自身の「自己維持と充足」についてはユニットケア実施施設の方が従来型に比べて低かったことである。第二点はユニットケア実施施設においては、一定時間のうちに多様な行為を行うといった働き方が観察されたということ、第三点として「食事に関する家事」がユニットケア実施施設において、高い割合で行われていたということである。

　まず表2-4によってケアワーカーの行為率からみた、従来型とユニットケア実施施設の違いをみていこう。表には、行為率の中でも基本的なADL介助と、施設間の差がみられた項目を並べた。なお「休憩・同僚とのお喋り」「自身の食事」の2項目はケアワーカー自身の「自己維持と充足」の一部である。

　表2-4の中で最も行為率の高いものはユニットケア実施施設、従来型施設とも「コミュニケーション」である。しかし両者を比較してみると、ユニットケア実施のアオギリ園、トチノキ園においては行為率が98.5％、90.6％であるのに対し、従来型施設のクスノキ園、ネムノキ園においては76.9％、68.6％であり、最大で30％近くの差があった。これは、利用者の活動時間においてユニットケア実施施設のケアワーカーは9割以上の時間を利用者とのコミュニケ

ーションに費やしているが、従来型では3割程度の時間において「コミュニケーションなしの介護行為」を行っているか、もしくは「利用者と関わっていない」ということを示すものである。まず、このコミュニケーションの差異について考えてみたい。

　ユニットケア実施施設と従来型施設における利用者とのコミュニケーションを比較すると、その様式や内容は大きく異なった性質を持っていた。一例を紹介すると従来型では、「介助行為を行うこと」を目的とした言葉かけが多く、「窓を開けていいですか？」といった〈許諾を求める言葉かけ〉、「洋服はどっちを着ますか？」といった〈選択を求める言葉かけ〉、「待ってください」「じっとしていてください」といった〈指示・抑制する言葉かけ〉などがケアワーカーから短く発せられ、利用者から短い単語や頷きという形で返答があるといった一往復のコミュニケーションが多くを占めていた。それに対して、ユニットケア実施施設では「介助行為を行うこと」を前提としない〈お喋りや世間話〉が観察された。それは、その場限りの言葉かけではなく、時間的経過を踏まえながら利用者とケアワーカーが相互に組み合う応答的コミュニケーションである。

　このような差異が生じる背景を見てみると、表2-4からユニットケア実施施設と従来型施設との間に、「記録・調整」の業務量、ケアワーカー自身の自己維持・充足としての「休憩・同僚とのお喋り」における行為率の差が存在していることがわかる。ひとつめの「記録・調整」は記録類への記入時間のみならず、メモの時間、職員同士の申し送りや打ち合わせ等の時間を指す。従来型大規模処遇施設であるクスノキ園、ネムノキ園においては利用者の生活空間から離れた状態での申し送りや、流れ作業を効率的に進めるために利用者の生活空間に背を向けた状態でのケアワーカー同士の打ち合わせや確認作業が多く、それぞれ60.0％、67.1％を占めていた。一斉に多くの利用者を対象として同じ介護行為を行うため、備忘録としてとられるメモの量も多かった。これに対しアオギリ園の「記録・調整」は37.3％で、申し送りはリビングでなされ、利用者が同席している中であった。トチノキ園は32.8％で、施設全体の申し送りが事務所にて実施されたのちユニットのリビングにて細かな利用者の状況について申し送られていた。

　二つめの「休憩・同僚とのお喋り」については、従来型施設においては、職

表2-4 差の大きかった行為率（%）

	ユニットケア実施		従来型	
	アオギリ園	トチノキ園	クスノキ園	ネムノキ園
入浴介助	7.5	9.4	24.6*	5.7
排泄介助	29.9	43.8	12.3	20.0
食事介助	68.7	71.9	32.3	38.6
コミュニケーション	98.5	90.6	76.9	68.6
記録・調整（職員に関することを除く）	37.3	32.8	60.0	67.1
利用者間関係見守り	34.3	4.7	0.0	0.0
利用者間関係介入	11.9	3.1	0.0	0.0
休憩・同僚とのお喋り	1.5	9.4	12.3	14.3
自身の食事	1.5	1.6	6.2	2.9
食事に関する家事	53.7	46.9	21.5	8.6

*クスノキ園において観察対象であったケアワーカーは入浴担当であった為、数値が高くなっている。

員は交代で利用者の生活空間を離れ、利用者の目も耳も届かないところで休憩することができクスノキ園で12.3%、ネムノキ園で14.3%であったのに対し、ユニットケア実施施設では2施設とも昼食はユニットのリビングでとるのに加え、アオギリ園ではユニットを離れての休憩は観察されず、ケアワーカーが利用者の視線の届かないところに出る機会は僅かに自身のトイレ使用と入浴介助前後の着替え時のみであった。「休憩・同僚とのお喋り」についてアオギリ園の行為率としてはわずか1.5%であった。トチノキ園では食事後の休憩時間を休憩室やベランダでとることが可能であったが行為率としては9.4%であった。

　三つめの要素として、大規模処遇においては利用者と直接的な接触のない行為の時間が存在した。例えば、オムツ交換車に必要な物品を積み込んだり、交換後に汚物を片付けたりといった流れ作業の中で一斉に行われる作業の準備や片付けの時間がそれである。クスノキ園では、食事準備においても50人分の汁や米飯を盛り付ける時間帯にまったく利用者とのコミュニケーションがなされていない状況が観察された。

　これらのことに加え、ユニットケア実施施設では少人数の利用者と固定された少人数のケアワーカーによる「なじみの関係」が形成されている。これは表2-4において「利用者間関係見守り・介入」が、ユニットケア実施施設であるアオギリ園、トチノキ園においてのみ観察されたこととも関連する。では、こ

れらの膨大なコミュニケーションはどのように行われているのであろうか。それらが単独で行われることは少なく、ユニットケア労働に独特の、《一定時間のうちに多様な行為を行う》といった働き方の中でなされていたということについて次に述べる。

4 「ながら遂行型労働」

　ここでは、ユニットケア実施施設と従来型大規模処遇施設で大きく見られた差異のうち二点目にあげた、ユニットケア実施施設においては《一定時間のうちに多様な行為を行う》といった働き方が観察されたということについて考える。ここでのデータ処理は、同じ15分間のうちでどのように異なった労働をしているのかについて検討するため、調査票のマス目ごとに縦方向に印を数え同時に行う行為の種類数として数えたものである。一つのマス目（15分間）を「1単位時間」とし、単位時間ごとに何種類の行為がなされていたかについて、施設種別ごとにユニットケア実施施設と従来型大規模処遇施設を比較したものが図2-1、図2-2である。15分（1単位時間）の間に一種類の行為だけ観察されれば1、二種類の項目であれば2、といった数え方である。

　ユニットケア実施施設であるアオギリ園、トチノキ園において観察されたのは、ケアワーカーがリビングを起点にしながらその都度の利用者の多様なニーズに対応する姿であった。それに対して、従来型施設のクスノキ園、ネムノキ園では基本的には予定された一種類の作業を集中して行っており、それが終わるとサービス・ステーションに帰り、他の作業がスムーズに進んでいるか、応援が必要かということについてリーダーの指示を仰いでいた。

　このことについてまず表2-4から見てみると「排泄」「食事」においてユニットケア実施のアオギリ園、トチノキ園が、従来型のクスノキ園、ネムノキ園に比べ高い行為率を示している。食事介助ではアオギリ園68.7%、トチノキ園71.9%であるのに対し、クスノキ園32.3%、ネムノキ園38.6%という差である。観察された内容としてはユニットケア実施施設では、食事動作がゆっくりであったり起床が遅かったりといった利用者に対して、ケアワーカーは家事や他の利用者の別種の介助をしながら、必要時食事介助を行う姿が観察されたのに対し、従来型施設においては、一定の時間内に食事介助をすべて終え次々と口腔

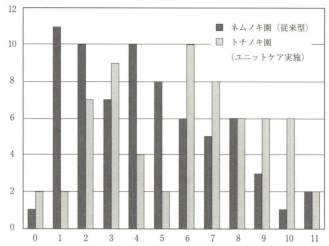

図2-1 15分間に行った行為の種類数比較（特別養護老人ホーム）

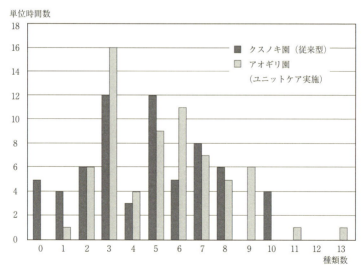

図2-2 15分間に行った行為の種類数比較（介護老人保健施設）

ケアに取り掛かるといった様子であった。

「排泄」に関しても、同様に介助の進め方における差異が数値の差となっている。アオギリ園29.9％、トチノキ園43.8％であるのに対し、クスノキ園12.3％、ネムノキ園20.0％という差である。それは従来型であれば、決められた時間にオムツ交換車を押しながら並んだ居室を順番にまわり一斉にオムツ交換をする、トイレ使用者についてはトイレ誘導係とトイレ内での介助係に分かれ、トイレの個室が空き次第、次の利用者を介助するといった流れ作業的に介助を行っていた。複数ケアワーカーで介助するため、一人は利用者の姿勢を保持し一人が介助をするといった形でケアワーカーと利用者の相互に身体的負担が少ない状態で介助は行われるが、トイレの順番に利用者の男女は考慮されず、ケアワーカー間で利用者が受け渡しされる形で利用者は便座に座らせられていた。それに対してユニットでは、個々の利用者の訴えや、排泄リズムに合わせた排泄介助を行っていた。ケアワーカー一人での介助が多く、排泄介助に抵抗を示す利用者には言葉を掛けながら、姿勢の保持や下着を下げるといった動作への協力を求めることで一層時間がかかるといった状況であった。

次に、図2-1をみるとトチノキ園では6種類、ネムノキ園では1種類にグラフ上のピークがある。観察された内容としてユニットケア実施のトチノキ園では15時から16時までの1時間に排泄、おやつ摂取、就床、環境整備などの多様なケアがなされていたのに比べ、従来型のネムノキ園においては同時刻に行った行為はおやつ摂取後の就床に関連する項目のみであった。図2-2ではアオギリ園では3種類にピークがあり、最多13種類の行為を同一の15分間に行っていた。クスノキ園では3種類と5種類にピークがあり、最多10種類である。

従来型施設においては、ケアワーカーの行動はケアチームのニーズに即したものとなりがちであった。クスノキ園においてもネムノキ園においても作業が順調に進むことを優先させ、利用者からの「些細な」と捉えられる要求に関しては「あとで」とか「待って」という言葉かけによって排除されるといった場面が少なからず観察された。これは、すでに春日が指摘した「課題達成のためにかけられた歯止め」（春日 1997: 76）であり、天田が指摘している「ルーティーン・ワークの自己目的化」である（天田 2007: 198-217）。ケアワーカーは、自らのルーティン・ワークのみに関心と注意を払いさえすればよく、利用者の言動に深く自分自身を関わらせる必要はない。それはユニットケア実施施設で

「家事をしながら利用者の様子をみる」、あるいは「個室で介助をしながらリビングの様子に耳をすませる」といった形で、同時並行的に注意深く、気づかいがなされている様子とは対照的であった。

ユニットケア実施施設におけるこのような労働の進め方は、従来型施設の「流れ作業型」に対比させ「ながら遂行型」と名づけることができよう。ではそういった「ながら遂行型労働」はどのような領域においてなされているのであろうか。

5 「疑似的家事労働領域」の誕生

かつての従来型大規模処遇では、「食事」に関する介護といえば、厨房から運ばれた食膳を配り食事介助をするということであった。おおむね1時間程度の食事時間を設定し、下膳車が厨房へ引き上げられるまでには食膳を下げられるように、食事のスピードは職員によってコントロールされがちであった。下膳車はまた厨房へと運ばれ、すべての後片付けはそこでなされていた。米を磨ぐ、盛り付けをする、調理用具や食器を洗って乾かし収納するなどといった家事的労働は施設ケアの場には存在しなかったのである。

しかし、今回の調査においてユニットケア実施施設であるアオギリ園、トチノキ園においては、ケアワーカーはリビングで食器の片付けやお茶を沸かすといった家事をする時間が長く、そのリビングを中心にユニットの一日の生活が営まれていた。それに対して従来型施設のクスノキ園、ネムノキ園においてはそれらの家事は栄養部や厨房職員といった他職種によって行われ、ケアワーカーが行う領域はごくわずかであった。

このことを表2-4で見てみると、「食事に関する家事」において従来型ネムノキ園では行為率が8.6％、クスノキ園では21.5％であるのに対し、ユニット実施施設ではアオギリ園53.7％、トチノキ園46.9％であるといった数字の差に端的に現れている。観察された内容としては、ユニットケア実施施設においてはセミプライベート・ゾーンとしてのリビングを中心に、利用者の個室が配置されることが多い。アオギリ園においてもトチノキ園においてもリビングは利用者同士の交流の場であり、またケアワーカーの作業動線の起点となっていた。

調査対象とした施設での食事に関するシステムは表2-1のとおりであるが、

アオギリ園のシステムを補足すると、真空パックに入った調理済みの料理が厨房からユニットに運ばれる。ユニットではパックを開封し、必要時鍋で温め直し、食器に盛り付け配膳するといった作業が毎食行われている。食器は利用者の私物とユニット保有のもの、さらに厨房管理のものが混在している。また、牛乳やジュース、お菓子などは何日かおきにまとめてユニットに運ばれ管理されるが、ユニットで材料を調達しおやつを作ることもある。したがってユニットでは米を計量し磨ぐことに始まる3回の炊飯、一人ひとりに合わせた食事の準備、嗜好にあわせた飲み物の準備、食器洗い、後片付けといった多様な行為が観察された。また、面会者にお茶を出すといった行為もケアワーカーの仕事としてなされていた。

　アオギリ園のインフォーマーであるAさんの行った行為を時系列に整理をしてみると、ユニットでの労働は非効率的であることが明らかであった。いったん洗い物をしても、ゆっくり休みながら食事をする人の食器はまた後で洗うことになる。従来型施設でなされている〈一斉に〉という場面がないからこそ、いつまでも家事は終わらない。そのことが膨大な時間を家事的労働に当てなければならない状況を生み出していた。さらに、朝・昼・晩の3回、次の食事のために米を磨ぎ炊飯器をしかけるという光景もあった。

　トチノキ園では利用者の私物やユニット管理の食器がアオギリ園に比べ少なかったこと、厨房職員が米を洗いユニットの炊飯器にセットしにくること、おやつも厨房から運ばれてくることなどアオギリ園に比較するとユニットで行う家事そのものが少なかった。しかし、リビングの冷蔵庫には好みの食べ物や季節の果物が保管され、状況に応じて振る舞われていた。

　それに対して従来型大規模処遇施設クスノキ園では、「家事」ではなく「作業」という表現のほうがふさわしい内容であった。それは、厨房から鍋で上がった50人分の味噌汁と米飯・粥を食堂の一角に集まった数人の職員が手分けして食器に盛り付け、配膳する。この間職員は、粥が何人でみそ汁のトロミ付きが何人かといったことが書かれたボードに向かい、一切利用者と関わることはなかった。そして、すべての膳がそろったところで一斉に食事介助が始められ、下げられた膳はそのまま厨房へ運ばれ片付けられていた。

　ネムノキ園では、盛り付けが済んだ状態で厨房から運ばれ、食後は残飯を所定の容器に移し食器を重ねて厨房へ運ぶという状況であったが、フロア保有の

冷蔵庫があり季節の果物が35人分保管され、ケアワーカーによって提供されていた。クスノキ園、ネムノキ園のいずれにおいても日常的に使用しフロアで管理するものは、お茶を入れるプラスチック製のコップと食事用エプロンのみであった。

　ユニットケア実施施設で行われている家事的労働は、そもそも認知症ケアの小規模化によって目指された「家庭らしさ」を演出するためには欠かせないものである。しかし、現代の一般家庭において一日3回米を研いで炊く割合はどれくらいのものだろうか、という疑問は残るものの、「家庭らしさ」を目指すという点から、こういった家事的労働はユニットケアの核になる部分であるともいえよう。

　このような労働は、効率的な管理・運営が目指される従来型施設においては他職種によって分担されているものである。一方、居宅生活における家事は生活の再生産活動と捉えられており、居宅介護活動においては、家事がなされていない状況下で身体介助のみが提供されることはありえない。

　すなわち、これまでの従来型施設ケアにおいては、ケアワーカーは他職種によってなされた生活の再生産活動を前提に身体介護や余暇活動といった援助を担っていたといえよう。

　それが、ユニットケア実施によって「生活を共にする」という側面が強調されたことで、ケアワーカーの労働にはこれまで他者によって分担されていた生活の再生産活動である家事的労働に関する労働領域が誕生していたのである。「家事労働」とは何か、といった点からの検討は章を改めて行いたいので、ここでは「疑似的家事労働」と呼んでおく。アオギリ園においてもトチノキ園においても、具体的な献立作成や3食の調理といった領域は管理栄養士や厨房職員によって分担されていたが、どのタイミングでどのような形で利用者に提供するかといったといった部分はユニットのケアワーカーに任せられていた。

　また、利用者の生活空間でお茶を入れるという行為についても、従来型大規模処遇では家族や面会者によって私的に行われていたことで、面会者のために職員がお茶を入れるという場面はありえなかった。しかしユニットにおいては面会者をユニットの来客としてもてなすとともに、利用者に対しても個々人の飲み物の好みを把握し、利用者との関係場面において適切なタイミングでそれを提供できる「気づかい」が要求されていた。さまざまな「気づかい」が、家

事を伴う日常的な生活場面において、個々の利用者のその時々の状況に配慮した形でなされることが、認知症ケアにおける「家庭的」な環境をつくることであり、「ユニットケアらしさ」なのである。

6 ユニットにおける労働編成

　本章の最後に従来型と比較して、ユニットにおける労働環境としてのハード面と勤務表をはじめとする労働編成についてみておく。勤務表については、ユニットケア実施施設のアオギリ園、トチノキ園の2施設、従来型については第1章で参照した特別養護老人ホーム●園のもの（65頁）を用いる。

6-1　労働空間

　アオギリ園（図2-3）では、居室は全室個室、すべての居室に車いす用トイレと洗面台を設置している。ユニットごとに個浴室（一人用の家庭浴槽）を備え、特殊浴槽（介助用の座ったまま入れる浴槽）は各フロアに1か所、最上階の5階には展望大浴場がある。各ユニットのキッチンには電磁調理器用2口コンロ・大型冷蔵庫・流し等の設備が整えられ、ユニットで調理をすることも可能である。各フロアの中心部に位置する来客用エレベーター脇に、1か所サービス・ステーション（図ではS.Sと表記）がある。警備会社との連絡用電話や、4つのユニットの勤務台帳などが保管された3畳ほどのスペースである。このサービス・ステーションのみが職員専用のスペースとして存在する。しかし、休憩室としての機能はなく、職員も出勤時と必要時しかサービス・ステーションに立ち寄っていなかった。またさらにその横に来客用トイレがあるが、職員と来客、利用者が利用している。

　次にトチノキ園（図2-4）であるがこちらも、居室は全室個室、すべての居室にトイレと洗面台を設置しているが、構造的に車いすでは使用できないトイレもあり、実質的にはおむつ置き場になっている居室もある。ユニットごとに共用の身障者用トイレが1か所設けられている。各ユニットに個浴室（一人用の家庭浴槽）を備え、特殊浴槽（介助用の寝た状態で入ることのできる浴槽）は施設全体で1か所設置されている。各ユニットのキッチンには電磁調理器用2口コンロ・大型冷蔵庫・流し等の設備が整えられ、ユニットで調理をすることも

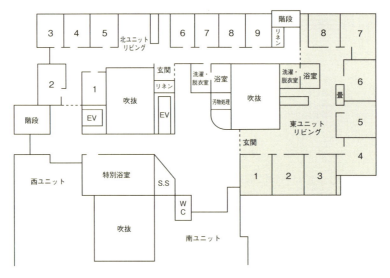

図2-3　アオギリ園3階見取り図

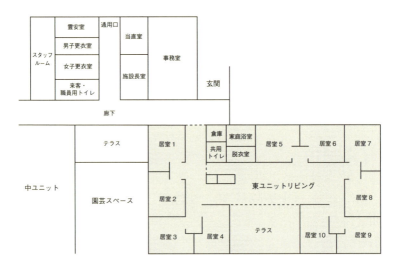

図2-4　トチノキ園1階東部分見取り図

可能である。2階は比較的自立度の高い利用者が居住しており、1階は認知症や身体的障害により介助量が多い利用者が居住している。

　トチノキ園にも職員休憩用スペースは存在しない。職員はユニットから庭に張り出したテラスやユニットのリビングで休憩をとり、状況が許せば屋上ですごすとのことであった。職員用トイレは、来客用と兼ねられ東西に貫く中央廊下の北側に設置されている。このトイレを利用者が使用することはない。1階の3つのユニットの間には中庭があるため、隣のユニットへの移動のためには一旦中央廊下へ出る必要がある。ケアワーカーは出勤時、更衣室から持参した私物をユニットの倉庫に置いて、勤務をしていた。

　ユニットケア実施施設では、ユニットにおいての空間構成が利用者中心であり、そこで働くケアワーカーへの配慮がなされていないのに対し、従来型大規模処遇のクスノキ園、ネムノキ園はいずれも利用者が入ることのできない職員専用のエリアが存在した。

　クスノキ園の居室は4人部屋17室、2人部屋9室、個室14室である。個室にはトイレが設置されているが、多床室にはなく、食堂兼リビングわきに男女共用のトイレがある。トイレの入り口にドアはなく、トイレ個室の入り口はドアの代わりにカーテンがある。浴室は入り口から入ると個浴、大浴槽、特殊浴槽、リフト浴、シャワー浴が一つの浴室に設置されている。浴槽間を遮るものはなく、浴室入口に立った職員は浴室を利用する利用者・職員の一挙手一投足を見渡すことができる構造になっている。各階の食堂兼リビングには、利用者の洗面・口腔ケア用の流しが2か所と、利用者のコップやエプロン、台拭きといったものを洗うための職員用の流しが1か所設置されている。L字型になったフロアの角にあたる部分には職員室、診察室、職員用休憩室兼仮眠室、職員用更衣室、職員等トイレ・流しといった職員専用のスペースがあり、利用者が立ち入ることはない。夜勤時の夜食をそこで作ることも可能であった。

　ネムノキ園においても、居室は4人部屋6室、3人部屋3室、2人部屋13室、個室11室である。個室には2室のみトイレが設置されているが、他にはなく食堂兼リビングのわきに男女の入り口は別々であるものの実質は男女共用のトイレがある。トイレの入り口にドアはなく、トイレ個室の入り口はドアの代わりにカーテンである。浴室はクスノキ園同様、大浴槽、特殊浴槽、リフト浴槽が一つの浴室に設置されている。各居室には洗面台が設置されており、各階の

3F		1	2	3	4	5	6	7	8	9	10	11	12	13	14	15	16	17	18	19	20	21	22	23	24	25	26	27	28	29	30	31
		水	木	金	土	日	月	火	水	木	金	土	日	月	火	水	木	金	土	日	月	火	水	木	金	土	日	月	火	水	木	金
看護	Ns 主任	4F	×		3F	4F	×	3F	研	×	4F	4F	3F	×	3F	4F	4F	×	3F	3F	4F	×	3F	研	4F	4F	4F	3F	◎	×	4F	3F
	Ns1（新人）				×			×					◎		×				×	×			×					×				×
	Ns2（パート）																															
	Ns3	×				×					×	×				有	有				×				×	◎	◎				×	
CW 主任			×								遅3											1/4			×	×						
1U 東	U リーダー	夜1	明	×	3	3	1	夜1	明	×	夜1	明	×	遅1	夜1	明	◎	4/4	夜3	明	×	×	1	4/4	×	遅1	夜4	明	◎	×	1	2/4
	Cw2(A)	×	1	4/4	夜4	明	×	1	4/4	×	4	4/4	×	1	4/4	夜4	明	×	×	1	1	1/1	夜4	明	×	1	遅1	夜4	明	◎	◎	4
	Cw3	夜1	明	×	1	1	夜4	明	×	1	1	夜1	明	×	×	4	4	1	夜4	明	×	4/4	遅1	①	夜1	明	×	×	1	1/1	×	×
4U 北	U リーダー	4/4	夜1	明	×	遅3	×	3	①	4/4	×	夜3	明	×	1	2/2	夜4	明	◎	◎	夜1	明	×	×	1	4	3/3	夜3	明	◎	夜1	明
	Cw5	1	◎	1	遅1	夜4	明	◎	×	◎	2/4	3	夜1	明	×	1/1	遅2	夜1	明	×	4/4	夜2	明	×	4/4	夜4	明	×	4/4	夜4	明	×
	Cw6	×	4/4	夜1	明	◎	◎	4/4	夜1	明	×	1	4/4	夜4	明	×	1/1	×	1/1	夜1	明	×	4	夜1	明	◎	1	1/1	夜1	明	×	1
	P1	3	3	×	4	4	4	×	③	3	3	◎	◎	4	×	3	3	×	3	3	×	3	3	3	×	3	4	4	3	×	3	3
2U 南	U リーダー	×	2/2	夜2	明	×	2/2	夜3	明	×	×	2/2	2	夜3	明	×	夜3	明	×	2/2	◎	◎	2	②	2	2	夜2	明	×	2/2	夜3	明
	Cw8	明	×	3/3	×	遅1	夜1	明	◎	夜1	明	×	1	2	3/3	◎	◎	3/3	4	夜3	明	×	遅2	遅2	夜2	明	◎	2/2	夜3	明	×	夜4
	Cw9	2/2	夜3	明	×	2	3/3	×	②	2/2	夜2	明	◎	3	夜2	明	◎	2	2/2	×	夜2	明	×	夜3	明	◎	◎	3	2/2	夜3	明	×
	P2	3	3	×	4	4	4	×	3	3	3	×	×	4	◎	3	3	×	3	3	×	3	3	③	×	3	4	4	3	×	3	3
3U 西	U リーダー	夜3	明	×	夜3	明	×	2/2	夜3	明	×	×	3/3	遅2	2	夜3	明	×	×	4/4	2	2	夜3	明	×	遅2	2	×	×	4	4/4	夜3
	Cw11	明	×	2	2/2	夜2	明	×	遅2	夜3	明	×	夜2	明	×	×	2	夜2	明	×	3/3	夜3	明	×	3/3	夜3	明	×	×	3	2/2	遅2
	P3	2	×	3	2	×	2	2	4	2	×	2	×	3	◎	◎	1	3	2	×	×	1	4	④	2	×	2	2	×	1	2	×

＊枠内の数字は勤務するユニット番号
＊氏名欄塗りつぶしは男性
＊Ｐは 12:30 ～ 16:30 のパート職員

夜1：1ユニットで夜勤　16:30 ～翌日の 9:30（17 時間勤務・仮眠 2 時間あり）
明：夜勤明け
×：休み
1：1ユニットで日勤　7:30 ～ 16:30（9 時間勤務・休憩 1 時間）
2/4：通し　日勤を2ユニットで、その後遅出の退勤時間までは4ユニットで勤務　7:30 ～ 20:30（13 時間勤務・休憩 1 時間）
遅3：3ユニットで遅出　11:30 ～ 20:30（9 時間勤務・休憩 1 時間）
◎：希望休　月に2回、希望日に休める
①：研修　1ユニットで日勤だが、14:30 ～ 16:30 は院内研修に参加する

図 2-5　アオギリ園３階勤務表

食堂兼リビングには、利用者のコップやエプロン・台拭きといったものを洗うための流しが1か所設置されている。建物中央の部分には職員室、職員用休憩室、職員用トイレ・流しといった職員専用のスペースがあり、2階と3階は職員室の中の階段で繋がっている。このスペースに利用者が立ち入ることはない。

印象的であったのは、夜勤時にアオギリ園、トチノキ園の勤務者は、利用者が時折起きて歩いてくるリビングのソファで仮眠をとっているが、クスノキ園、ネムノキ園の夜勤者は職員用休憩室で布団を敷いて仮眠することができていたことである。

こういった空間構造の差がどういった点でケアワーカーの労働を規定しているかという点についてはすでに述べてきたが、申し送りや職員間の打ち合わせにおいてもユニットでは、利用者の視線に晒され続けるのが常である。また、排泄や更衣といったことの介助が個室で行われる上に、勤務者が1～2人であるということは、個室で介助をしながらリビングや他室での物音に耳を澄ませていなければならないといった状況を引き起こしていた。

6-2 労働編成

次に、勤務表という形で経営者側から指示された労働編成について見てみよう。まず、アオギリ園の勤務表を図2-5に、そして勤務表に沿うとどのような勤務者配置になるかといった図を2-6に示す。インフォーマーAさん（東ユニットCW2と表記）の勤務する3階、4つのユニットの勤務表である。勤務表上、職員は4つのユニットに分かれて配置されているが、夜勤では南と西、東と北をそれぞれ一人の職員が担当することになる。勤務は日勤（7時30分～16時30分）、遅出（11時30分～20時30分）、夜勤（16時30分～翌日の9時30分）の三つのシフトで組まれているが、勤務者が少ない時は日勤から引き続き遅出をする「通し」勤務が組まれる。「通し」とは「日勤と遅出の二つの勤務を通して働く」という意味である。7時30分から20時30分までの勤務となるが、日勤終了後の4時間は超過勤務扱いとされているため休憩時間は日勤帯の1時間だけとなる。図2-6でみるように、日中においては1ユニットあたりケアワーカー1～1.5人であることが多い。

さらに詳細に勤務表を見てみると、一か月あたりの夜勤回数は5回程度であるが、13時間勤務である「通し」の回数は6回から2回というばらつきがある。

勤務体制（東・北ユニット）／2008.3.4（火）												時間
	2	4	6	8	10	12	14	16	18	20	22	24
通し勤務者(A)					東				東			
夜勤入り										東・北		
パート1					北							
パート2						北						
夜勤明け		東・北										
看護師1					フロア全体（4つのユニット）							
看護・パート						東・北						

勤務体制（東・北ユニット）／2008.3.5（水）												時間
	2	4	6	8	10	12	14	16	18	20	22	24
日勤者1					東							
日勤者2					北							
遅出勤務者							東・北					
夜勤入り(A)										東・北		
夜勤明け		東・北										
看護師					フロア全体(4つのユニット)							

勤務体制（東・北ユニット）／2008.3.6（木）												時間
	2	4	6	8	10	12	14	16	18	20	22	24
日勤者					北							
パート					東							
遅出勤務者							東・北					
夜勤入り										東・北		
夜勤明け(A)		東・北										
看護師					フロア全体（4つのユニット）							

図2-6　ケアワーカーの配置状況（アオギリ園）

　さらには、CW8の勤務をみると、通常勤務している南・西だけでなく東や北の勤務が時折入っていることが分かる。他にも、6日をみると夜勤者が4と1と表示されている。これは、「遅出」の時間帯に東と北の勤務者が不在になるため、CW8は日勤者が帰宅した後、東ユニットで20時30分まで勤務するよう指示されているということである。また、「通し」の翌日の「日勤」はないものの、「遅出」の翌日「日勤」をする、すなわち20時30分まで勤務し、翌朝7時半までに出勤するという勤務は散見される。介護主任が人手不足の状況に応じて、ユニット勤務を組み込んでいるのも労働編成の厳しさを物語っている。

　前述（81頁）したように、アオギリ園は法で定められた職員定数を上回る看護・介護職員を有している。であるのに、こういった厳しい勤務状況になるの

はどういったことであろうか。Aさんによると、Aさんの勤務する3階フロアは開設当初自立度の高い利用者の生活するフロアと位置づけられていたため、他フロアに較べ職員配置数が少なく設定されているとのことであった。

　Aさんの勤務表から労働時間をみてみよう。東ユニットに勤務するAさんを見ると、1日は休み、2日は東ユニットで日勤7:30～16:30の勤務、3日は北ユニットで「通し」、4日は北ユニットで夜勤16:30～翌朝9:30の勤務、5日は夜勤明けである。1勤務は基本的に休憩時間込みで9時間拘束され、実働は8時間と設定されている。

　Aさんのこの月の勤務では、「通し」は5回、夜勤が4回である。1週間の労働時間をみると、8日（水）～14日（火）の1週間が月のうちで一番労働時間が長く、夜勤はないものの「通し」が3回、休みが2回で休憩時間を含む勤務時間は57時間に及んでいる。各勤務で休憩が1時間取れる日はめったにないというものの、規定どおりの休憩時間がとれたとしても52時間の勤務を命ぜられていることになる。労働基準法の定めによる1週間40時間をはるかに超えていることは明白だが、2006年の介護労働安定センターの全国調査から明らかになった正社員介護労働者の1週間の全国平均労働時間数41.6時間をもゆうに超過している。開設後3年目の施設だが、4つのユニットの中で開設以来勤務している職員は2人にすぎないという。

　今回の調査では、Aさんの「通し」とその翌日の「夜勤」で観察を行った。調査者である私は、直接的な介護行為は何も行わなかったにもかかわらず、「通し」終了後は夕食を食べ、入浴して翌日の昼過ぎまで眠ることしかできなかった。「夜勤」時に聞くと、Aさんも同じだったという。こういったケアワーカーの私的生活を犠牲にした労働編成の中で、介護労働や「疑似的家事労働」がその都度の利用者のニーズに応えつつ、一日の流れを止めないといった形で「ながら遂行型」労働としてなされているということである。

　次にトチノキ園をみてみよう。勤務表を図2-7、職員配置を図2-8に示した。インフォーマーNさん（CW5と表記）の勤務する1階東ユニットと中ユニットの勤務表である。看護師はユニットやフロア配置ではなく、施設全体への配置である。勤務は日勤（9時30分～18時30分）、早出（7時～16時）、遅出（11時～20時）、夜勤（17時～翌日の9時30分）の4つのシフトで組まれている。ケアワーカーの配置状況としては、日中にはユニットあたり2～2.5人

1F 東・中		1 土	2 日	3 月	4 火	5 水	6 木	7 金	8 土	9 日	10 月	11 火	12 水	13 木	14 金	15 土	16 日	17 月	18 火	19 水	20 木	21 金	22 土	23 日	24 月	25 火	26 水	27 木	28 金	29 土	30 日	31 月
看護	Ns1	×	早	日	×	×	早	日	早	早	×	×	×	×	×	日	日	×	早	日	×	日	早	早	×	日	×	早	日	×
	Ns2	早	日	×	日	早	×	×	日	早	日	早	日	×	早	日	×	早	日	×	×	日	早	早	日	日	×
	Ns3	日	×	日	早	日	×	日	早	×	日	早	日	×	早	早	×	×	日	日	早	×	日	×	早	早	×	×	日
1階東・中	Cw1	早	×	日	日	早	×	日	早	夜	明	×	×	日	日	遅	×	夜	明	×	早	日	×	遅	夜	明	×	日	日	遅
	Cw2	夜	明	×	遅	日	日	早	遅	日	×	夜	明	×	日	日	×	日	日	×	早	日	日	遅	夜	明	×	×	日	早
	Cw3	日	×	遅	日	早	夜	明	×	日	遅	日	日	早	夜	日	×	日	日	×	遅	日	日	×	日	早	夜	明	×	日
	Cw4	日	日	×	早	夜	明	×	日	日	早	遅	日	×	日	遅	日	×	日	遅	日	×	日	早	遅	×
	Cw5(N)	×	夜	明	×	日	遅	日	早	×	夜	明	×	日	日	×	日	遅	夜	明	遅	×	日	日	×	夜	明	×	日	夜	明
	Cw6	×	遅	日	夜	明	×	日	夜	明	×	早	日	遅	×	日	遅	日	日	×	日	夜	明	×	早	日	×	早
	Cw7	明	×	早	日	遅	夜	明	×	×	早	明	×	日	日	夜	明	×	日	日	×	遅	日	×	早	日	夜	明
	Cw8	×	早	日	遅	×	遅	日	夜	明	×	×	遅	夜	明	×	日	日	早	日	夜	明	×	日	日	遅	早
	Cw9	遅	×	夜	明	日	日	早	×	早	日	×	夜	明	遅	×	早	日	日	夜	明	×	日	日	×
	Cw10(P)	×	7	4	7	7	7	7	×	×	7	4	7	7	7	×	×	7	7	7	7	7	×	×	7	4	×	7	7	7	×	×

＊氏名欄塗りつぶしは男性、Pはパート職員

日：日勤　9：30～18：30
早：早出　7：00～16：00
×：休み
夜：夜勤　17：00～翌日の9：30
明：夜勤明け
遅：遅出　11：00～20：00
7・4：パート職員の勤務時

図 2-7 トチノキ園 1 階東・中ユニット勤務表

が配置されている。

　トチノキ園では、施設長がケアワーカーの辞職率の低さを自慢していたが、夜勤回数は一カ月当たり3～4回であり、他のユニットからの応援を指示しなければならないような労働でもない。また「遅出」の翌日の「早出」といった勤務も組まれていない。ユニットケア実施施設といえど、二者の間には大きな隔たりがあった。

　さらに、従来型大規模処遇施設のクスノキ園では、ケアワーカーの勤務は日勤（8時30分～17時30分）、早出（7時～16時）、遅出（11時30分～20時30分）、夜勤（16時30分～翌日の9時）の4つのシフトで組まれていたが、ネムノキ園では、早出（7時～16時）、遅出（10時～19時）、準夜勤（15時45分～翌日の0時45分）、深夜勤（0時30分～9時30分）といったように、夜勤を二つの勤務として組み、日中のリーダーは「早出」が務めるといった4つのシフトで組まれていた。やはり、従来型においても、それぞれの施設により勤務の組み方に

勤務体制（東・中ユニット）／2009.8.15（土）

	2	4	6	8	10	12	14	16	18	20	22	24
日勤者						中	中					
早出勤務者				東	東							
日勤者						中	中					
日勤者（N）					東	東						
夜勤明け		東・中	中									
遅出勤務者							東・中					
夜勤者										東・中		

勤務体制（東・中ユニット）／2009.8.11（火）

	2	4	6	8	10	12	14	16	18	20	22	24
日勤者						東						
早出勤務者					中							
遅出勤務者							中					
夜勤者(N)										東・中		
夜勤明け		東・中		東								
日勤者							東					
パート勤務						東・中						

勤務体制（東・中ユニット）／2009.8.12（水）

	2	4	6	8	10	12	14	16	18	20	22	24
日勤者						中	中					
早出勤務者				東	東							
遅出勤務者							東	東				
夜勤者										東・中		
夜勤明け（N）		東・中										
パート勤務						中						

図 2-8　ケアワーカーの配置状況（トチノキ園）

は大きな差がある。

　従来型特別養護老人ホーム●園の勤務表（65頁）から作成した配置状況が、図2-9である。日勤が始まる9時には5人のケアワーカーが出勤し、各自の役割に沿ってケアを展開することとなる。早出として勤務をすでに始めている3人と連携をとりながら、50人の利用者の日常生活援助をするためには、各自の役割を漏れなく遂行することと、状況の変化をチーム内で共有するといった勤務者間での連携が重要になってくることがわかる。

　ユニットにおいて、少人数のケアワーカーが3～4種の勤務をローテーションさせながら利用者となじみの関係をつくるという働き方について見てみると、

	勤務体制（利用者50人）1日（金）											時間
	2	4	6	8	10	12	14	16	18	20	22	24
早出勤務者 h												
早出勤務者 j												
早出勤務者 k												
日勤者 a												
日勤者 a												
日勤者 a												
日勤者 b												
パート職員												
遅出勤務者 l												
遅出勤務者 m												
遅出勤務者 n												
夜勤者 f												
夜勤明け												
夜勤者 g												
夜勤者 g												

図2-9　ケアワーカーの配置状況（●園）

　特にアオギリ園においては他のユニットからの応援をあらかじめ組み込まなければ勤務が成り立たないといった状況がおこっている。すなわち、「なじみの関係」が作りにくい労働編成であるといえよう。トチノキ園では、そういった状況はおこっていないが、従来型の労働編成と比較した場合、ユニットではケアワーカー一人ひとりがその日の勤務において代役を立てることのできない労働編成になっている。すなわち、急病等で一人が欠けると勤務が回らないといった状況がいとも簡単におこるということである。

　次に、勤務内での労働をどのように進めていくかといったマニュアルについて見てみよう。60頁に示したように従来型大規模処遇においては、勤務者が分担マニュアルに沿って予定通りに業務を進めることが必要であった。では、ユニットではどうであろうか。アオギリ園では、ユニットの食器棚や冷蔵庫に曜日ごとの特別な業務、例えばおやつの材料や米を注文する、冷蔵庫の在庫をチェックするといったことが一覧表として貼り出されていたが、Aさんによるとそれ以外は「暗黙の了解」でやっているとのことであった。ユニットの業務は「覚える」のだが、それは「暗黙の了解」と「できることは全部やって、次の人に仕事を残さない」ことを念頭において行っているというのである。

　トチノキ園ではどうであろうか。開設当初はトチノキ園にもマニュアルはな

く、ケアワーカーたちが「感覚」で行っていたと施設長は説明する。およそ3カ月の見習い期間のうちに「頭に入る」というのだ。しかし、徐々にケアワーカーによって業務内容の差が出てきたため、後日、マニュアルを作成したという。それは、物品の補充やごみ捨てをする人としない人がいるといった一見些細なことであるが、ケアワーカー間の不平不満につながってきたとのことであった。現在は、ユニットリーダーが適時更新しつつ、利用者の名前とケア内容をいれたマニュアルが使われている。

　こういったことの背景には、ユニットケアにおいて日常生活のスケジュール化は利用者の個別性や主体性を無視するものであるから望ましくないという価値観が存在する。そのことが労働のマニュアル作成を否定することにつながっていると考えられるが、1～2人のケアワーカーがユニット全体の生活を支える上で「暗黙の了解」や「感覚」で、「次の人に仕事を残さない」という働き方をするのは容易ではない。このようにみてみると、労働環境のハード面においては常に利用者の視線に晒され、労働編成の面においても急な休みが取れないといった状況の中で、利用者の様子や食事の時間といった大まかな決まり事を頼りに、自分で労働過程を組み立てながら働いているケアワーカーの姿が浮き彫りになってくる。彼らはいったいどのような思いをもって日々の労働をしているのであろうか。

7　小括

　ユニットケア実施施設2か所、従来型大規模処遇施設2か所でのそれぞれ3日間にわたる観察をした。その結果、ユニットケアにおける「日常生活を共にする」という側面は、従来型処遇におけるケア労働とは明らかにその内容や過程が異なるケアワーカーの働き方をもたらしていた。それは、ケアワーカーの労働に従来型処遇では見られなかった「疑似的家事労働領域」を誕生させ、膨大なコミュニケーションとともに非効率的な「ながら遂行型」に労働がなされていたということであった。

　こういった変化は、従来型処遇における「医療モデル」から新しいケアとしての「生活モデル」あるいは「関係モデル」への変化をもたらすものである。しかし、居宅においてひとりのホームヘルパーが同時に8～10人の利用者を

相手にすることはないのにもかかわらず、ユニットにおいては1人のケアワーカーが、8〜10人の利用者への対応をせざるを得ない状況がある。そして利用者とケアワーカーは「なじみ」であるがゆえに一方的な関係ではなく双方向に組み合う形での膨大なコミュニケーションが「ながら遂行型」労働の中でなされていたのである。そういった働き方は、家庭的な生活の中でなじみの関係を構築するといったユニットの理念に基づいて設計されたハード面や、労働編成の側面からも、利用者とケアワーカーの密着度を高める形で支えられており、かつケアワーカーが随時、自分で労働過程を組み立てなければならないといった状況が存在していた。こういった変化の中で、ケアワーカーたちはどのような体験をしているのであろうか。次章では観察とインタビューを通して、ケアワーカーの内的体験に迫りたい。

［注］
1) テイラーの開発した「科学的管理法」は、労働者の一日になすべき作業量を確定し、この標準作業量を達成した労働者には高賃率を適用し、達成しない労働者には低賃率を適用する差別出来高制によって、標準作業量の達成を確保しようとしたものである。「課業管理」あるいは「課業とボーナス」の制度といわれている。それは、賃率のみを設定し作業量は労働者にまかせていたそれ以前の「なりゆき管理」と比べて、管理の科学における大きな前進であった。しかし、他方、熟練労働者から熟練を技術者に移転させ「管理と作業の分化」を進め、労働者は自ら考えず決められたことを実行するものとされたため、熟練労働者の組合であるAFL（アメリカ労働総同盟）から強い反対を受けた。テイラーがもっていた基本的な理念あるいは経営指導原理は、テイラリズムとよばれ、管理制度の合理化自体を意味するテイラー・システムと区別される（村田稔1993『新社会学辞典』有斐閣）。
2) タイムスタディ（Time and Motion Study）は、IE（インダストリアル・エンジニアリング）の中で発展してきた。IEとは人、設備、材料・資材、情報、エネルギーなどの限られた生産資源を有効に活用するためにはワークシステムをどのように設計し、導入・運用すればよいか、また改善していくべきかということを研究する総合的工学技術分野を意味する。テイラーが提唱した「科学的管理法」後、ギルブレイスらの動作研究が統合され、タイムアンドモーションスタディとして発展し、さまざまな作業測定方法が考案された。

　代表的なのは「連続観測法」であり、これは、ストップウォッチまたは時計を利用して、対象者のすべての行動を開始から終了まで連続して詳細に測定、記録する方法である。リアルタイムにストップウォッチで測定する方法以外にビデオテープにより録画された画面から時間をカウントする方法もある。業務内容の記録方法としては実際に行っている業務をそのままフリーテキスト、つまり文章化して記入するものと、あらかじめ決められたカテゴリーに分類したうえでその分類コードを記入する方法とがある。ほかに「瞬間観測法

（ワークサンプリング法）」、「推定時間記入法」、「経験見積り法」等がある。
　また、観察対象者を記録者が観察記録していく他計式（observation）と、観察対象者自身が自己報告により記録していく自計式（self-reporting）の２種類がある。自計式の利点としては、記録者が必要でないことからマンパワー面、金銭面、倫理面で他計式よりも優れている。欠点としては、忙しい時間帯など記録が煩雑になりデータとして抜け落ちる可能性があること、主観的な記録となるため報告が誇張されるなどデータの偽造も行われること、個人の記憶に依存するため正確性に欠けること、他計式に比べて省略されることにより記録される業務数が圧倒的に少なくなること等がある。他計式の利点としては、記録者が客観的に記録していくことから、偽造の余地が少ないデータとなる。しかしながら、データ内容の解釈を間違えたり、誤分類したりする可能性があるなどの欠点もある。そのほかマンパワーが必要で、コストも高くつき観察対象者に記録者が常に付き添うことから倫理的に難しいこと、観察対象者のふるまいに影響を与えるため不正確なデータを発生させる可能性があるなどの欠点があげられる。労働者の作業効果は労働時間と賃金ではなく、周りの関心と上司の注目に最も大きな影響を受けるという「ホーソン効果」については、医療従事者を対象としたタイムスタディ調査において、影響があるのは調査開始当初のみで、それ以降はほとんど影響がないという報告もある（Burke,T.A.,McKee,J.R etc.2000）。

3）認定に際して、申請者一人ひとりの介護時間を捉えるといったことではなく、心身障害の状態像に関する情報から必要な介護時間を推定するという手法である。こういった手法はアメリカやカナダでも採用されており、日本における要介護認定については、アメリカで作成された判定法を日本の実情に即して開発した池上らのグループによる方法と、全国社会福祉協議会によるものがあった。

4）本文中で紹介した２点のほかには、一つは介護コードが細かすぎるという点が指摘されている。一連の介護の手順の分類が細かいために介護項目が変化してしまう。入浴に付随する介護が「更衣」となってしまうといったことである。もう一つは個人を特定できない介護時間が個人の介護として記録されない点である。「洗濯」などの間接介護が別の場所で行われる場合には全く対象外になってしまうといったことがある。

5）NHK放送文化研究所は、人々が１日をどのように過ごしているかを、放送と密接な関係がある時間という尺度からとらえ、それに合わせて放送番組を編成することを目的に、国民生活時間調査を原則として５年ごとに実施している。特色としては、①調査相手は全国から無作為に抽出された10歳以上の国民である。②10月の特定の日に行った生活行動を調査する。③さまざまな行動（睡眠、食事、仕事、家事、勉強、テレビ、レジャー活動など）を行っている人の率が15分刻みで分かる。④それらの行動にかけた時間量が分かる。⑤同時に２つ以上の行動を行う『ながら行動』の実態が分かる。⑥その行動が自宅内で行ったものか、自宅外で行ったものかが分かる。⑦それらの結果が、性・年齢・職業・地域別に分かる。⑧それらの結果の時系列変化が分かる。⑨調査方法を1970年に面接法から配布回収法に、1995年からアフターコード方式からプリコード方式に変更した。
　具体的な調査方法は、①調査相手本人が「時刻目盛り日記式」調査票に連続２日間の生活行動を記入する。②調査票にはあらかじめ行動名が印刷されており、調査相手は、該当の行動の該当の時間帯に線を引く（同時行動も可）。③調査票は、調査員が調査対象日の前

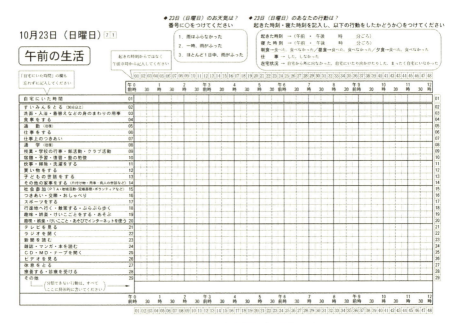

図 X2-1　NHK 国民生活時間調査・調査票見本

日に配布し、翌日に回収する。調査票見本を図 X2-1 に示す。

6）平成 20 年介護サービス施設・事業所調査による。介護老人福祉施設の経営主体については、総数 6,015 のうち都道府県 4、市区町村 129、広域連合・一部事務組合 108、日本赤十字社 7、社会福祉協議会 52、社会福祉法人（社会福祉協議会以外）5,715、社団・財団法人 0 である。同じく、介護老人福祉施設については開設主体のみの情報であるが、総数 3,500 のうち、都道府県 4、市区町村 131、広域連合・一部事務組合 20、日本赤十字・社会保険関係団体 65、医療法人 2,577、社会福祉協議会 2、社会福祉法人（社会福祉協議会以外）560、社団・財団法人 109、その他の法人 32 である。医療法人、社会福祉法人、社団・財団法人を「民」と計上した。

7）常勤換算人数とは、当該施設の従業者の勤務延時間数を、当該施設において常勤の従事者が、勤務すべき時間数で除することにより、当該施設の従業者の人数を常勤の従業者の人数に換算した人数をいう。

8）ホテルコストとは、住居費として利用者が負担する金額をさす。個人スペースの建設費用、光熱水道費、暖房・冷房費、修繕代、備品代などを基に施設が算出する。したがって、新型特養の利用者負担金は、1 割自己負担金＋食事の標準負担額＋ホテルコスト分となる。

9）インシデントレポートとは、「ひやり・はっと報告」とも呼ばれる。利用者に傷害をおよぼすことはなかったが、日常介護の現場でひやりとしたりはっとした経験（インシデント）に関する報告書のことを指す。事例を分析し、類似するインシデントの再発や、介護事故

の発生を未然に防止することが主な目的である。事故となった場合の報告書はアクシデントレポートと呼ぶ。

10) 第8回要介護認定検討会資料（2001）。ケアを大きく9項目に分類しさらに中分類、小分類に分けコード化されている。大分類は1.清潔・整容・更衣、2.入浴、3.排泄、4.食事、5.移動・移乗・体位変換、6.機能訓練、7.問題行動、8.医療・看護、9.その他の業務である。ケアコード表については2006年に在宅でのケア、さらには自立支援やICFの視点を取り入れた「新版ケアコード表」が作成されているが、施設内ケアを単純化させ、浮き彫りにするために今回は2001年のケアコード表を用いた。

第3章

「自尊心を支える」ケアとは何か

―― 「ながら遂行型」に提供される「気づかい労働」

　本章では、ユニットケアが志向し、新しい認知症ケア理念の根幹をなしている認知症の人の「自尊心を支える」ケアのなされ方について見ていく。「自尊心」とは、「自尊の気持。特に、自分の尊厳を意識・主張して他人の干渉を排除しようとする心理・態度」と説明される（広辞苑3版）。ここでいう尊厳、特に人間の尊厳については「独自性・唯一性と自律」に置き換えることができる[1]。したがって、ユニットでの日常生活における利用者の個性の発揮や、自己決定がどのようになされているのか、そこにケアワーカーがどのように関与しているかということが、「自尊心を支える」ケアを見るポイントとなる。

　検討するデータは、第2章で参照したユニットケア実施介護老人保健施設アオギリ園で勤務するケアワーカーAさんの3日間の労働内容の観察と、インタビューである。補足的にユニットケア実施特別養護老人ホームシラカシ園で勤務するケアワーカーBさん、Cさんのインタビューで得られたデータも使用する。

　結論を先取りすると、利用者の施設での生活については従来型大規模処遇に較べ、利用者の自由度が増している状況が見られた。しかしこれは、利用者の自立度や経済力等によって影響を受けているといった側面も存在した。そして自由度の増した生活が可能になった背景には、ケアワーカーの状況に応じた即応的な「気づかい労働」が存在していた。利用者とケアワーカーといった二者関係のみならず、利用者同士の関係を調整しつつ、自己と他者の感情の管理をするといった「気づかい労働」は、複雑で深化した感情労働といえるだろう。そして、その「気づかい労働」は単独でコミュニケーションという形で提供されることはほとんどなく、「疑似的家事労働」や身体介護とともに「ながら遂

行型」労働のなかで提供されることが圧倒的に多かったということである。

1　「自尊心を支える」ことの意義

　第1章でみたように、認知症をめぐる理解は近年大きくパラダイム転換した。ここで再度、転換以前の認知症観を確認しておく。1987年に厚生省が発表した「痴呆性老人対策推進本部報告」には、認知症から直接「問題行動」が引き起こされているような記述がある一方で、「痴呆性老人の多くは痴呆の進行にともない知能が低下しても、感情機能は保たれていることが多いことから、恐怖症、焦燥感、孤独感といった"心の痛み"を感じやすく、しかられたり、とがめられたりした場合など極度の緊張を強いられると、精神症状や問題行動を生ずることにもなる」という記述がある（厚生省 1994: 186）。認知症という病態だけでなく、周囲の人との関係の中で問題をとらえようとする視点の芽生えである。

　一方、精神科医である小澤は、認知症の初期においては「ゆらぎ」を生じやすい脆弱性があると解説している。

　　彼らは今、喪失感と攻撃性（の原基）に引き裂かれ、依存せざるをえない現実とそれを拒絶する心性という相矛盾する、双方をともに満たし解決することは不可能な状況に置かれている。しかも、彼らにはこの両極にある心性を統合しなければ自己が自己であることさえ困難になるという「不可能への強制」がなされている。その結果、彼らは破綻し、困惑状態に陥り、行動の自由さえ奪われている。（小澤 1998: 206）

　健康な人であれば、生活の様々な場面で困難に出会っても、自分らしい身の丈に合った生き方を比較的容易に発見できる。しかし認知症の初期においては、漠然とではあるが自我が崩壊していくことを感じつつ、それにどうにも対処できないという不安と焦燥を抱えている。この脆弱性をもって小澤は物盗られ妄想の出現を説明している。

　こういった知見を積み重ね、現在ではBPSDの出現のメカニズムとしては、記憶障害などの中核症状が背景にあり、それに加えて不安感や焦燥感、ストレ

スなどの心理的要因や、苦痛などの身体的要因が作用するものと考えられている。したがって、認知症の深さが同程度の人であっても、不安感やストレスなどの心理的要因や身体的不調などの要因が多いか少ないかによって、BPSDの出現の仕方も変わるという考え方である。

　このメカニズムが明らかになったことが、認知症の人の生活環境の重視に繋がっている。すなわち、ストレスが少なくて済むよう、その人にとってのなじみの生活をいかに継続させるかといったことが、グループホームケアやユニットケアといったケアの小規模化という環境を制度化した背景にある。そして人的環境となる介護者が、認知症の人が身体的にも心理的にも安定した状態でいられるために、どのようにかかわるかといったことが、認知症ケアに携わるケアワーカーへの規範的要請なのである。

　本章では、そういった規範的要請に応えようとするケアワーカーの労働が、ユニットケアの現場においてどう具体的になされているのかという状況について述べていく。

2 〈脱-アサイラム〉状況という視点と問題の所在

　E. ゴッフマンは、『アサイラム——施設被収容者の日常世界』（1961）の中で、刑務所や精神病院といった外部と社会的交流が一切断たれた生活空間を「全制的施設　total institution」と呼び、収容者の社会的関係について明らかにした。そこでは、職員による被収容者への監視、無力化、アイデンティティ装備の喪失が日常的に行われている。ゴッフマンはアサイラムについて次のように述べる。

> 　全制的施設の中心的特徴は、通常前記の生活の三領域を区画する隔壁がないことである、と言いうる。第一に、生活の全局面が同一場所で同一権威に従って送られる。第二に、構成員の日常活動の各局面が同じ扱いを受け、同じ事を一緒にするように要求されている多くの他人の面前で進行する。第三に、毎日の活動の全局面が整然と計画され、一つの活動はあらかじめ決められた時間に次の活動に移る。つまり諸活動の順序全体は、上から明示的な形式的規則体系ならびに一団の職員によって押しつけられるのだ。最後に、様々の強制される

> 活動は、当該施設の公式目的を果たすように意図的に設計された単一の首尾一貫したプランにまとめあげられている。(Goffman 1961=1985: 6)

　こういった状況は、日本におけるかつての従来型大規模処遇施設における高齢者施設もアサイラムであることを示す。実際にゴッフマンも、「老人のための収容所」をアサイラムの一つと説明している（Goffman 1961=1985: 4-5）。

　天田は、かつての特別養護老人ホームの認知症専門棟において利用者間、ならびに利用者と職員間の相互作用を観察し、施設による統制の中で様々な形でアイデンティティ管理をしようとする認知症の人に対し、「記憶のテストという従属化の儀礼」、「母性という名の秩序化の装置」、「ルティーンワークの自己目的化」等のさまざまな形でケアワーカーの圧倒的優位性が維持されていた実情を描き出している（天田 2007: 147-225）。

　しかし、そうした施設介護のあり方は、公的介護保険後の施設ケアでは好ましくないものとして否定され、利用者の私的所有物の持ち込み可能な個室ケアを保障し、身体的ケアとともに「よりそい」「傾聴」「心のケア」という形で利用者の精神・心理的サポートをしながら日常生活を支援するといった〈脱－アサイラム〉化の方向で、市民的自由を保障する流れがもたらされている。

　公的介護保険は施設ケアにおけるこうした流れを生み出していった反面、一方ではそれを阻害し遅滞させかねない側面をもまた持っている。すなわちそれは公的介護保険が、民間事業者が提供する介護サービスを高齢者が消費者として購入し顧客となっていく「市場化」という側面を併せ持っている点、さらに、その「市場化」も介護報酬基準が厚生労働省によって一律に規定され、それに大きく制限されるという性格を持つ点である。

　いうなれば、ある意味「全人的介護」という理念の下で要求された、利用者の尊厳を維持するという新しいケアの流れと、市場論理の中で介護報酬が年々引き下げられていくという相反する社会的な力のせめぎ合う場が、施設介護の現場だといえよう。では、こうした状況の中で二つの力のそうしたせめぎあいの中に晒されているのは誰であろうか。日々、利用者と日常生活を共にし、尊厳を支える役割を担わされたケアワーカーこそが、そのせめぎあいの中に立たされる存在だと言えるのではないだろうか。

3　調査の対象と方法

　調査の対象・方法は、第2章で参照したユニットケア実施介護老人保健施設アオギリ園3階東ユニットで勤務するケアワーカーAさんの3日間の労働についての観察と、インタビューである。補足的にユニットケア実施特別養護老人ホームシラカシ園で勤務するケアワーカーBさん、Cさんのインタビューで得られたデータも使用する。

　ケアワーカーの労働についての観察は2008年3月に3日間、5月に1日間実施した。観察においてはAさんの労働内容のみならず、利用者や職員同士の会話や表情、しぐさといった相互作用内容についてもできるだけ観察・記録するようつとめた。

　面接によるインタビューはAさん、Bさん、Cさんともに2007年8月～2008年5月まで4回、1回2時間程度実施した。インタビューはあらかじめおおよその質問項目を口頭で伝え、録音の同意を得た上で、原則的に自由に語ってもらうといった半構造化面接の形式をとった。録音したものから後に逐語録を作成した。

　インフォーマーの3人は介護福祉士養成校卒業後2007年4月に入職したインタビュー当時20～21歳の女性の新人ケアワーカーである。3人をインタビュー対象者とした理由は、養成課程において「全人的介護」の理念が刷り込まれており、入職時には「理念としての労働」者であったと考えられ、そのため新鮮な感覚で自身の仕事を捉えることができるとみなしたためである。

　アオギリ園の紹介は、第2章を参照していただきたい。ここではシラカシ園およびAさんの勤務するアオギリ園3階東ユニットについて紹介する。

(1) ユニットケア実施／特別養護老人ホーム　シラカシ園
a. 運営主体と運営方針

　シラカシ園は2006（平成18）年事業開始で入所定員50人、ショートステイ10床の、3フロア6ユニットの新型特養である。運営主体は社会福祉法人アスナロ会であり、理事長を同じくする医療法人アスナロ会とともに、診療所1か所、訪問看護ステーション1か所、特別養護老人ホーム1か所、通所介護事業

所1か所、認知症グループホーム1か所などを運営している。法人の理念は「ほほえみ　傾聴」と掲げられている。運営方針として、「人格の尊重にベースを置き、利用者が安心して自立した生活が送れるようサービスの提供に努める。利用者の心身の機能の維持向上と家庭復帰へ努める」と説明されている。

b. 建物、設備

　シラカシ園は市街地を望む山の中腹にあり、高速道路のインターチェンジに近いこともあり周囲は流通拠点としての倉庫が立ち並んでいる。近隣に住宅はなく公共交通機関網からも外れているため、訪問者は自家用車かタクシーが必要になる。利用者は市内全域あるいは隣接する市町村の高齢者が主である。4階建ての施設は、中央のエレベーターを挟んで東西に一つずつユニットが配置されている。1階が管理部門と通所介護、2階〜4階が入所棟である。各ユニットに10人の利用者が生活している。居室は全室個室、すべての居室にトイレと洗面台を設置している。ユニットごとに共用の身障者用トイレが1か所設けられている。各ユニットに個浴室（一人用の家庭浴槽）を備え、特殊浴槽（介助用の座ったまま、あるいは寝た状態で入れる浴槽）は施設全体で1か所設置されている。各ユニットのキッチンには2口コンロ（電磁調理器用）大型冷蔵庫、流し等の設備が整えられ、ユニットで調理をすることも可能である。フロアの中央あたりに、夜勤者用の休憩室が設置されており、1階に職員食堂兼休憩室が設けられている。2009年時点での利用者の平均要介護度は3.44である。

c. 職員

　シラカシ園で勤務する医師は非常勤1人、生活相談員は常勤1人、看護職員は常勤3人、介護職員は常勤22人と非常勤11人計33人で常勤換算すると29.5人である。常勤換算の看護・介護職員が32.5人ということは、法で定められた20人（定員60人の場合）を上回る数字であるが、介護職員の3割が非常勤職員であるということで、常勤職員に夜勤等の負担が偏っている。他に管理栄養士1人、機能訓練指導員1人、介護支援専門員1人、事務員1人が勤務している。

　2007年8月のBさん（CW2と表記）Cさん（CW5と表記）の勤務表を図3-1

	1	2	3	4	5	6	7	8	9	10	11	12	13	14	15	16	17	18	19	20	21	22	23	24	25	26	27	28	29	30	31
	水	木	金	土	日	月	火	水	木	金	土	日	月	火	水	木	金	土	日	月	火	水	木	金	土	日	月	火	水	木	金
Cw1	C		B	A	A	B	C			A	B	C	C		B	A	B	C			A	B	C	C		B	A	B	C		B
Cw2 (B)		B	A	A	B	C	C	B	A	B	C			B	A	A	C	B		A	A	B	C	C	A	A	C	C		B	A
Cw3	A	A	B	B	C	C	B	C	A	A		C	A	C	A	C	B	A	A	A	B	B	A	B	C	A	B	A	B	A	A
Cw4	B	C			A	A	B		C	A	B	A	A	C	C	B	A	B	A	C	C	C	B	A	B	C	C	A	B	B	B
Cw5	A	B	C	B	B	A	A	B	B	A	A	A	A	B		B	B	A	B	B	C	B	B	A	B	A	B	A	A	B	8
P1	8		13	13					13		8		8	13	13				13		8	13	8		8	8	8				
P2		9	9	9		9	9	9				9				9	9	9	9			9		9				9	9	9	
P3	10	10				10	10		10											10	10		10				10	10		10	10
Cw1					A	C			A	A	A	B	A	B	B	A	A	B	B	B	C	B	B	A	B		B	B	C		
Cw2	C	C	A	A	B	A	B	A	A	A	B	C	B	C	C	A	B	C	C	A	C	A	A	C	C	A	A	A	B	B	A
Cw3	B	B	B	B	C	C	A	C	B	A	C	B	B	B		B	A	A	A	A	B	B	B	B	B	C	B	B	A	A	A
Cw4	A	A	A		C	A	C	C	A	A	A			A	C	A	A	A	C	C	B	C	C	C	A	C	A	C	C	C	C
Cw5 (C)	A	C	B	C	B	B	B	A	C	C	B	B	B	B		A	A	A	A	A	A	B	B	B	B	B	B	A	A	B	A
Cw6	B	B	A	A	C		A	B	A	A	C	A	A	A	C	A	A	B	B	A	B	A	B	A	B	A	B	B	A	有	B
P4 (8H)				13															有					有	有	有	有		A		
Cw7	A	A	A	B	B	B			B	A	B	B	B	A	B	A	A	A	A	B	B	A	A	A	A	B	B	A	A	B	B
P5	9	9	9	9	9	9	9		9			9		9	9	9	9	9	9	9	9	9	9	9	9	9	9	9	9	9	9

・氏名欄塗りつぶしは男性
・P は 6 時間勤務のパート職員、(8H) は 8 時間勤務。

A：早出　6:30〜15:30
B：遅勤　12:30〜21:30
C：夜勤　21:00〜翌朝 7:00（日付をまたがるが 1 勤務。夜勤明けを休みとして扱う）
　　：休み
9：希望休
　　：パート勤務者の出勤時間
A'、B'：2 階で勤務

図 3-1　シラカシ園勤務表

	2	4	6	8	10	12	14	16	18	20	22	24
早出A				東								
遅出A							東					
早出B					西							
遅出B							西					
パート						東・西						
夜勤入り											東・西	
夜勤明け	東・西											

勤務体制（2つのユニット）　　　　　時間

図3-2.　シラカシ園の2つのユニットにおける職員配置

に紹介する。これは、Bさんの勤務する2階東ユニットと西ユニット、Cさんの勤務する4階の東ユニットと西ユニットの勤務表である。看護師はユニットやフロア配置ではなく、施設全体への配置である。勤務は日勤（8時30分〜17時30分）、早出（6時30分〜15時30分）、遅出（12時30分〜21時30分）、夜勤（21時〜翌日の7時）の四つのシフトで組まれているが、パート勤務者が交代制勤務に入らないため、ケアワーカーが日勤をする形での勤務表は組めていない。さらに人手不足のため、勤務表をみるとユニットどころかフロアをまたがって勤務をするよう指示されたケアワーカーの存在（CW7、P4）があることがわかる。

　また、夜勤は2日間にまたがる10時間勤務であるが、1日分の労働として扱われるため夜勤明けを休みとして扱うという特殊なルールがある。図3-1のBさんの勤務表で休日がないように見えるのはそのせいである。

d.　特徴的な取り組みとして説明されたこと
　シラカシ園で特に力を入れているのは地域・家族との交流であり、周囲に住宅がないという立地条件の中で、家族会を積極的に推進することや地域の高齢者の集まりなどを施設内で行えるよう便宜を図っている。

(2)　アオギリ園　3階東ユニット
　アオギリ園は3つのフロアにそれぞれ4つのユニットが配置されているが、その中で3階東ユニットは居室の床面積を広くとり、内装や設備を充実させ室料を高額に設定したユニットである。そのユニットについて、Aさんは「地主とか、たいそうなお金持ち（が入居している）」「（利用者からの）小言がうる

表3-1 「VIP ユニット」の利用者

氏名 (仮名)	年齢	性別	入所時期 (2007年)	障害と生活の状況 (図3-3に示した生活能力領域)
チヨさん	90代	女	4月以前	認知症軽度、歩行時T字杖かシルバーカー使用、難聴 (Ⅰ)
ハルさん	90代	女	4月以前	認知症軽度、歩行時T字杖を時に使用 (Ⅰ)
マサオさん	80代	男	4月以前	認知症、意思疎通困難、車椅子使用、言語不明瞭、ADL全介助 (Ⅱ／Ⅳ)
フミさん	80代	女	4月以前	認知症、右麻痺、車椅子使用、起居動作・移動等要介助 (Ⅱ)
ヨシさん	70代	女	12月	認知症のため見守り必要、身体的には自立 (Ⅲ)
キヨさん	90代	女	4月以前	認知症軽度、変形性膝関節症、T字杖使用、眩暈の訴え (Ⅰ)
シズさん	80代	女	5月	認知症、発語はほとんどなし、胃瘻、短時間なら車椅子使用、ADL全介助 (Ⅳ)
ヤエさん	90代	女	4月以前	認知症、独語多い、車椅子使用、食事・水分摂取量少ない、ADL全介助 (Ⅳ)

さいんですよ。職員に文句をすごく言うんです」と語った。職員はこのユニットの利用者には特別な気づかいが必要であり、できればこのユニットでは勤務したくないと感じており、職員間でこのユニットは「VIPユニット」と呼ばれていた。

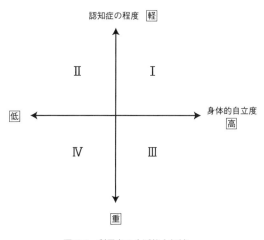

図3-3 利用者の生活能力領域

このユニットで生活する利用者は8人でケアワーカーは変則2交代制で勤務しており、日中は一つのユニットあたり勤務者1人という時間帯が多く、夜間は二つのユニットに勤務者1人という配置になる（第2章参照）。

「VIPユニット」の利用者8人のうち7人が女性である。Aさんの語りと観察で得られた情報をもとに作成した表3-1・図3-3をもって利用者を紹介する。

8人は介護量の多少によって二つのグループに分けられる。それは食事時における席の配置に表れる。チヨさん、ハルさん、キヨさんの3人が一つのテーブルに、マサオさん、フミさん、ヨシさん、ヤエさん、さらにシズさんがもう一つのテーブルにつくのである。

図3-3に示すように、認知症の軽重を縦軸に、身体的自立度の高低を横軸においた場合、Ⅰ領域の利用者は3人（チヨさん、ハルさん、キヨさん）で、ADLがほぼ自立しており自己主張能力が高くユニット内でも大きな権力を持っていた。Ⅱ・Ⅳ領域の利用者は4人（マサオさん、フミさん、シズさん、ヤエさん）で身体介護量が多く、自己主張もするものの持続性に欠けていた。Ⅲ領域の利用者は1人（ヨシさん）で入所後日が浅く、時折対人関係トラブルを起こしていた。

自己主張能力の高いⅠ領域の利用者の生活は、介護サービスの市場化により施設におけるアサイラム的状況がどのように変化しうるのかということについて示唆を与えてくれるものである。まず、利用者の生活におけるアサイラム的状況の変化について考察し、利用者とケアワーカーの力関係の逆転場面があるという事実を明らかにする。その上で、そうした利用者との関係においてケアワーカーが行っている「気づかい」労働をみていく。

4　「VIPユニット」の生活

4-1　無視できない「告げ口」

ユニットは、吹き抜けに面したリビングを囲むように個室が配置され、個室にいてもリビングのざわめきが感じとれるように設計がなされている。利用者は施設内の売店や美容室、地域交流のためのクラブ活動にも参加でき、入浴は一人ずつ介助を受け、排泄もすべて自室のトイレで介助を受けるといったように、比較的自由に過ごしているように見えた。

認知症が軽く身体的自立度が高いということは、施設入所の必然性はさほど高くないことをも意味する。すなわち地域で孤立して暮らすことを避けるために施設内で生活をする、という特別の権利を施設側の裁量によってさまざまな理由をつけて与えられている[2]のが「VIPユニット」のⅠ領域に位置づけられる利用者であると言える。中でも最上位に位置づけられるのは、90歳過ぎ

のチヨさんである。毎週、理事長回診で一番に診察を受けるのはチヨさんである。入浴は一番風呂、食事の配膳も一番、行事の際には特等席を用意され最後に席に着く。チヨさんが、いかに特別な人かということについて、Aさんの次の語りがある。

> 「チヨさんは、理事長のツテで入って、チヨさんが言えば全部通る……。なんか、(理事長が) お医者さんとして一人前になる前に、まだお金が無い頃に、(チヨさんが) 料理屋をしていて、なんかご飯を食べさせてあげたりしたらしいんですよ。チヨさんは上に言うんですよ。誰が偉いかっていうの、もう分かっていて、順番を知っていて、主任、部長、事務長という形で、で土曜日に専務理事に訴える、みたいな感じで、すぐ言うから、職員も (チヨさんには) 気をつけて、気をつけて……。」

チヨさんは理事長の恩人であるために、苦情やケアへの要望を直接事務所や理事長へ訴えることができるという「特権」を持っていると語られている。しかし、一般社会に暮らす市民であればどうであろうか。苦情を訴えることは、「権利」であっても「特権」ではない。そこには、ゴッフマンが『アサイラム』で指摘したように、市民としての当然の権利が特権へと転化するという状況が起こっていると考えられる (Goffman 1961=1985: 54)。

ではその特権は、アサイラム施設でのそれのように、従順であることと引き換えに与えられているのであろうか。先の語りには、「すぐ言うから、職員も (チヨさんには) 気をつけて、気をつけて……」という表現がある。チヨさんの苦情はケアワーカー個人についての評価として経営者側に伝えられる可能性がある。すなわち、ケアワーカー自身が脅かされる状況を作り出す、という力をチヨさんがもっていることに、「気をつけて、気をつけて」いるのである。これは、当然の市民的権利であるはずのものがユニットにおいて特権化している、とはいうものの、それは利用者の持つ権力としてケアワーカーを脅かすという二重の構図になっていることを示唆している。

4-2 結束による力の行使

自立度の高い利用者は自己主張のしかたもはっきりしており、そのような人

同士での喧嘩も日常的だという。しかし、自立度の高い人たちが仲良く結束すると、とたんにリビングは大騒ぎになる。認知症が深く介助が必要な人たちの一見理解しにくい行動の一つひとつをあげつらい、ケアワーカーに指図を始めるのだ。Aさんはそれが大きなストレスと言い、自立度の高い人たち同士喧嘩をしてくれている方がマシと感じている。次の語りを見てみよう。

「私らは全然、（利用者が）何回トイレ行こうが、何回バンバンバンバン（机や柵を）叩こうが、ぐるぐる回ろうが、それは全然構わなくて。（利用者には）好きなように好きなだけ動いてもらえばいいし、好きなだけトイレに行ってもらえばいい。でも、それに対して（自立した利用者から）ワーって言われると、こっち（認知症の深い利用者）もワーって言ってるし、もうなんか私らは大丈夫だからって言っても、（自立した利用者からの指示が）止まらないんですよ。それがすごいストレスになるんですよ、どうにか止まらないかなあって思って。一番止まる方法が、この（チヨさんとハルさん）二人が喧嘩することなんですよ。喧嘩したらもう喋らずに、二人ともご飯食べたらもうさっと（自室に）帰る。それが一番ありがたい。だから職員からしてみたら、喧嘩した二人の仲をとりもつのも大変だけど、でも仲良くなったら、ワーワーワーワー、もうすごいんですよ、職員に実況生中継をするのが。『あの人はあそこでお茶をひっくり返してあんなことをしている』とか、『この人は寝ているでしょ』とか、『こっちはぐるぐるぐるぐる回っているし、ちょっとは怒りなさいよ』みたいな感じの（中継や指示が）入るから。だからご飯を遅らせてみたりしないと一人じゃ全然（仕事が）回らない。そりゃあ、もう本当にストレスだったけど、まあ今は（二人が）喧嘩しているから楽なんですけどね。」

自立度の高い利用者同士が仲良く結束して、認知症の人の介護の仕方についてケアワーカーに指図をしようとしている。彼らにとっては頻回にトイレに通うことや、テーブルやベッド柵を叩き続けること、食事中に車椅子でぐるぐる回転することは行儀の悪いことであり、注意すべきことなのである。ケアワーカーがそのような行動を叱りもせず、あるがままに付き合おうとしているのは納得できないのだ。Ⅰ領域の利用者は、かつて自分自身が健康であった時代の価値観と方法論で、未熟な若いケアワーカーたちに指図する。これは利用者に

とっては、生き生きと活躍していた時代の自分を取り戻し発揮するということのようでもある。

しかし、それだけであろうか。天田はかつての措置時代に認知症専門棟での利用者の相互作用を観察し、認知症の人同士が「あいつはバカだ」という定義をすることについて「スティグマ化された人々によるスティグマ化の実践」と名づけた。「認知症」と分類された人々は自らも「呆け」として自己差別化をしていることが多いが、それは時として他者へも向けられる。負性なるアイデンティティを付与されてしまったことに対して、何とか自らの存在を証明すべくアイデンティティ管理を行っている（天田 2007: 194）というのである。

Ⅰ領域の利用者ハルさんは、ユニットの生活を「格子なき牢獄」と呼び、「飛び降りを心配して」窓には鍵がかかっていると話した。自立度の高い人たちの結束による力の行使は、社会・経済的地位が高くても不本意な生活をせざるを得ないというスティグマ化された人々による、他者へのスティグマ化の実践であり、他者の価値を剥奪することによって自らのアイデンティティを何とか保持せんとする試みであるともいえる。また一見、〈脱－アサイラム〉状況とみえるユニットでの生活も、当事者からみればアサイラムそのものであることの表明でもある。

しかしケアワーカーにとってこのような事態は、ユニットという場の主導権を奪われるという脅威にほかならない。そのような状況は新人ケアワーカーにとっては、「ワーワーワーワー」「もうすごい」と受け止められる。自立した利用者と介助の必要な利用者の食事開始時間をずらしトラブルを避けるものの、「泣きそうです。いっつも泣きそう」になる状況であるという。であるので、「喧嘩しているほうが静か」で「一番ありがたい」と、利用者同士が喧嘩をし、孤立している方が良いと語られているのである。あるときには、Ａさんを孫のように扱ってくれる利用者だが、このような場面では利用者から権力を剥奪することを望み、統制の対象として利用者をとらえている。

かつてアサイラム的施設の中でケアワーカーは利用者の保護者という立場でその上位に明確に位置していたものが、全人的介護という理念の導入によって両者は対等であるべきとされている。しかし、ここに示した場面では利用者が連帯し結束することによって、自らのアイデンティティ保持の闘争をし、それはケアワーカーに脅威を感じさせている。さらに、Ⅰ領域の利用者ハルさんは

以下のように語った。

> 「あの人たち（認知症が深く介助の必要な利用者）は、いろいろ手伝ってもらわないと生活ができない。それに比べて私は手がかからない。でも同じお金を払っているのだから、たまには私のオセロの相手をしてくれてもいいんじゃないかと私は思うの。」

　ハルさんは、同じように料金を支払っているのだ、介助量の多い人たちに比べ自分は介助が不要なのだから、その分自分の楽しみであるオセロの対戦相手になってくれても良いのではないか、と不満を訴えている。ここではハルさんは支払いに見合ったサービスが得られていないと感じており、それはとりもなおさず「消費者」すなわち「顧客」としての苦情である。このように、かつて措置の時代の大規模処遇でみられたようなアサイラム的状況が薄まり、利用者が人として尊重される部分のみならず、ケアワーカーと利用者のせめぎあいの場面の誕生という側面を持っているのが、新しいケア形態での特徴といえよう。
　しかし、ここで見たのは、「VIP」と呼ばれる社会・経済的地位を持つ人たちのケースであり、ケアワーカーたちが「特別な気づかいが必要だ」「難しい」と感じているユニット、その中でもとりわけ自立度の高い利用者であったことを忘れずにおきたい。すなわち施設内での自由度や力は、利用者の自立度の高さと社会・経済的地位に大きく左右されているということである。では、そのような利用者の自由度が高まり、せめぎあいが予測されるユニットにおいて、ケアワーカーはどのように対応しているのであろうか。そこには、感情労働の中でもとりわけ他者の感情管理を行う上での技能である「気づかい」が重要であるということについて次にみていく。

5　利用者への「気づかい労働」

5-1　ひとり職場での「気づかい」

　ケアワーカーと利用者のおりなす関係を見ていく前に、もう一度利用者像を確認しておく。今回対象としている「VIPユニット」の自立度の高い利用者について、図3-3では身体的自立度が高く、認知症が軽いと表現したが、その

範疇に入る人とはどのような「人」であろうか。第1節で引用したように、精神科医である小澤は、認知症の初期においては「ゆらぎ」を生じやすい脆弱性があると述べている。彼らの不安や焦燥は容易に攻撃性へと転化される（小澤 1998: 206）。Aさんが出会っている「VIP」と呼ばれる中でも認知症が軽く身体的自立度の高いⅠ領域の利用者は、社会・経済的地位が高いというだけでなく、些細な出来事や身体の不調などによって、絶えずゆらぐアイデンティティの持ち主であり、他者への攻撃性が高まっている状況の人たちであるということができる。

次に、ユニットの食事場面を紹介する。前述したように、チヨさんを中心とする自立度の高い人たちと、認知症も深く介助量の多い人たちは食事時のテーブルが分かれている。ケアワーカーは介助の必要なテーブルに位置するが、Aさんは食事介助をしながら、要介助の人たちと「訳の分からない」話で盛り上がるのがとても楽しいという。身体的な介助量が多くても、認知症の深い要介助の人たちのテーブルが楽しいというのは、どういうことであろうか。そのことについて、Aさんの語りを見てみよう。

> 「やっぱり（自立した利用者から）まともになんかズバズバ言われると、すごいストレス溜まるけど、（認知症の深い利用者が）ワーって訳の分からない話で行ったり来たりしているほうが、なんか面白い。」
> 「何かこっち（自立した利用者）の人たちは誉めるのは上手だけれど、悪口とかでも、やっぱり言うことは言ってくるし。でもこっち（認知症の深い利用者）の人も悪口は言うんだけど、（認知症が深いために）途中で話が変わるから、まだ……。ああさっきの話、どこへ行ったんだろうとか思いながら、まあいいやって。」

自立度の高い人たちから「まともに」「ズバズバ」言われるのはストレスになるが、認知症が深い人たちの会話は例え悪口であっても「まあいいや」と聞き流すことができるという。小規模化されたなじみの関係にあるユニットでは、個々のケアワーカーは限られた時間しかユニットにいないが、そこで暮らす利用者は毎日24時間を共に暮らしている。互いに観察し合い、互いの距離を測りながら日々の暮らしを重ねているため、ケアワーカーに比べ、互いの生活に

関する知識や情報量が多いという側面も持っている。利用者ハルさんの語りである。

　「あのお婆さんは、部屋の中から『誰か来てくださーい。助けてくださーい』って何べんも叫ぶのよ。だけど、誰も行かなかったら結構一人でトイレに行ってる。行こうと思ったら行けるのに、ああやって人を呼ぶのよ。あっちのお爺さんも、ドンドンドンドン柵を叩くけど、息子が来ている時には、静かなもの。車椅子でぐるぐるしている時にも笑ってるでしょう。(職員が) 相手をするから遊んでるのよ。」

　「まともに」「ズバズバ」「悪口とか」言われることは認知症の軽い人からのある意味、的確な指摘である可能性もあり、ケアワーカーにとっては評価の意味をもつ。そしてそれは、そのままケアワーカー自身の自尊心を揺るがすものになり、一方では理事長への告げ口となり外からの脅威ともなりうるものである。反面、認知症の深い人の悪口は、「認知症が深いから」という解釈枠組みにも助けられ、例え不愉快なことであっても忘れてくれるので気が楽だといえる。認知症の初期においてはゆらぎが大きく、攻撃性を持ちやすい利用者のその時々のありようによって、絶えずケアワーカーは翻弄されることになる。利用者主体という姿勢を誠実に持とうとすれば、なおさら利用者のアイデンティティの揺らぎに振り回されたり、呑み込まれたりする結果になる。

　そういった点では、認知症が深い人は記憶が途切れる、持続性がないという点においてケアワーカーにとっては自分が呑み込まれ、自分を失いそうになる経験は少なくて済む。保護者として主導性を持ち続けることが可能になるのである。すなわち「VIP」でかつ自己主張のできるⅠ領域の利用者は自己主張が強く、ユニットの統制をとるためには多くの「気づかい」が必要であり、それの対極に位置するのが「VIP」であっても身体介護量が多く、文句を言ってもすぐに忘れてくれるⅡ・Ⅳ領域の利用者であり、ユニットの統制はとりやすく「気づかい」は少なくてすむと言えよう。

　初期の認知症の人のアイデンティティの揺らぎに呑み込まれるといった深い傷つき体験は、シラカシ園で勤務するBさん、Cさんも複数回経験している。Cさんにとって一番辛かった体験を見てみよう。

「泣きそう……怒られたら。つらーくなる……。このおばあちゃん（利用者）が、土日とかに家に帰るんですよ。でまあ、認知症もあるから。『今日息子さん迎えに来るよ……』って言ったら、『何でもっと早く教えてくれなかったの！』って。それをずーっともう言うんですよ。私がずーっと動いていたら、『あんたがそうやって忙しいからといって教えてくれなかった！』とか言って……。席に座って、私が見えたら（怒る）……きつい。で、（利用者が）『だからもう帰らない！』とか言って泣き始めて……いつもは寂しがって結構帰りたいって言われるのに、『今日は帰らない！』とか言って。で、お嫁さんは『何でそんなこと言うの！お婆ちゃん、皆に迷惑かかるでしょう』とか、すっごい言い争いになって……。そういうの見てたら悲しくなって、私のせいか……みたいな。」

　週末に外泊する利用者に、自宅から電話があった旨を伝えたところ、突然利用者が「何でもっと早く教えてくれなかったの！」と怒り出したという場面である。息子の妻が迎えに来るまで、延々４時間もこの利用者はＣさんの姿が見える都度、怒りをぶつけ続けていた。その間、他の利用者は静まりかえって２人の様子を見ていたという。Ｃさんは家族からの電話を受けてすぐ、利用者に伝えたのだが、そのことは理解してもらえなかった。迎えに来た家族と利用者との言い争いを聞きながら、「私のせいか……」と悲しくなったという。利用者の怒りの理不尽さは承知していても、他の利用者の面前で罵倒され続け、ひとり勤務であるため他の職員に助けを求めることもできず、ただただ「我慢して」時間を過ごしたという。まさに、これはホックシールドの言う「感情労働」である。
　このように、ユニットではひとり勤務の時間が多いため、その場の収拾を別のケアワーカーにつけてもらうというパッチング[3]ができない。では、ユニットで勤務するケアワーカーはどのように対処しているのだろうか。このことについては、ただただ「我慢して」と話すＣさんに対し、Ａさん、Ｂさんは違う語りをしてくれた。まず、Ａさんから見てみよう。

　「日常の会話の仕方も、時と場合によります。普通の話をしているときは、

何かもう、ため口（友達言葉）っていうか。だけどお風呂に入ったりする時は敬語で……とか。（お風呂の時には敬語になるの？）うん。なんかやっぱりみんな、介助されるのが嫌だとか……あるんで……。だから、介助させてもらってごめんなさいっていうふうになりますね。」
「（お風呂に）やっぱり気持ちよく入ってもらうには、丁寧に、丁寧に。」

　普段は「VIP」であろうが、利用者に対して「ため口（友達言葉）」で話すが、羞恥心を伴うような入浴や排泄介護の場面では意識せずとも敬語を使っているというのである。そして、利用者に気持ちよく協力してもらうためには「丁寧に、丁寧に」と「気づかい」をしているという語りである。利用者とケアワーカーは対等な位置にあるという、基本的な姿勢を持ちつつ、裸を晒す、排泄を助けてもらうといった、利用者にとっては自尊心が大きく低下するケア場面において、ケアワーカーが敬語を使うことで利用者の自尊心が低下しない方向へバランスをとろうとしている。自尊心の傷つきが利用者のゆらぎを大きくし、破綻へと転化する引き金になるからである。細心の注意をもって、「気づかい」がなされている。
　一方Bさんは、認知症が軽度で身体的自立度の高いⅠ領域の利用者に、遅出の勤務の度に傷つけられている。Bさんの勤務するシラカシ園では、食事は提供して2時間たったものについてはすべて破棄することが決められている。にもかかわらず、後で食べるから…と自室にしまい込む利用者と、残食を「捨てる」、「捨てない」、「渡せ」、「渡さない」という押し問答を毎夜繰り広げているとのことであった。そして、Bさんが遅出のときは、簡単には残食を渡してくれないのだという。困ったBさんが先輩に相談したという語りを見てみよう。

「いや…でも、Wさん（先輩ケアワーカー）も（残食の）取り合いになったけど、Wさんは、『私はポイッて捨てたよ』って。『取り合いになったけど捨てたのよ』とか。『なんかあの人どうすればいいですか？』とか相談したら、Wさんは『もう強気で行けばいいのよ』とか、いつも言われる。『（残食を持ち帰る人の）対応に最初困っていたんですよ。なんかいつも怒られるんですけど……』って言ったら、『うん強気でいけばいいのよ』って言われるんですけど……、なかなか。」

先輩ケアワーカーは、強気で利用者に向き合うことでケアがスムーズになるとアドバイスしてくれている。しかし、Bさんは「なかなか」と、アドバイスどおりに実践することの難しさを語り、自分は利用者に「舐められている」と話してくれた。先輩ケアワーカーであるWさんの「強気でいけばいい」といったアドバイスは、かつての大規模施設でみられたケアワーカーの圧倒的権力を彷彿とさせる。新人ケアワーカーであるBさんにとっては、ケア倫理に照らしてもできない、選択したくない対処法であったのではないだろうか。
　「VIPユニット」で勤務するAさんと、一般のユニットで勤務するBさんCさんでは利用者に対する気づかいや感情労働の方向性が大きく異なっていた。「VIP」という社会・経済的地位にある利用者は権力を持っているため、自尊心を支え、かつ関係を維持するための「気づかい」をせざるを得ない。しかし、一般のユニットではトラブル状況になった時には諦めてじっと我慢する、あるいは逆に、利用者がケアワーカーに逆らうことを諦めさせるように強気で強要するということであろうか。このことは利用者の特性のみならず、施設のケア方針やさらには経営者の運営方針といったところからも検討が必要であろう。

5-2　関係修復としての「気づかい」

　次に、ひとり勤務であるということでは、物理的に手が回らず利用者の要求にこたえられないという困難も日常的に経験する。そのような場合に、ケアワーカーはどのような対処をしているのであろうか。Aさん、Bさん、Cさんが一様に語ったのは「聞き流す」、優先順位を考えた上で「手を抜く」ということであった。先に紹介した、自立度の高い利用者同士結束してケアワーカーに指図する場面についてのAさんの対処に関する語りをみてみよう。

　　「泣きそうです。いっつも泣きそう。でも、『（行儀が悪いと見えることについて、本人たちは）やろうと思って、やっているわけではないからね』とか言ったり……」
　　「ご飯を遅らせてみたりしないと一人じゃ全然（仕事が）回らない。」
　　「無視。聞き流す。『もう、いちいち聞いていたら仕事にならないよ』って

（先輩に）言われます。6月に私が倒れたのもたぶん全部を聞き入れていたから、そうなったので。うまく『はいはい』『わかっとるよ、わかっとるよ』って言って、聞き流せるようにならないと、ここ（VIPユニット）は勤まらないなあって。」

Aさんは「泣きそう」な心情を隠して「やろうと思って、やっているわけではないからね」と自立度の高い人たちの批判に応じると語った。これは認知症が深い人たちの言動を否定しない方向、かつ自立度の高い人たちの自尊心を傷つけずに批判を抑える方向で、双方の自尊心を支える「気づかい」を示すための表層演技である。さらに、「（自立度が高い人たちに対し、認知症の深い人たちの）ご飯を遅らせ」るという状況操作を必要に応じて行うと語られているのである。加えて、自分自身が仕事を続けるためには「聞き流す」ことが必要だと先輩からも言われ、自分でもそう感じている。「はいはい」「わかっとるよ、わかっとるよ」と表層演技だけを行いながら要求を無視することがその方策だ。無視するということは、利用者に向き合わないことである。無視された側に存在論的不安定を招く。それはまた利用者のゆらぎを大きくし、破綻への引き金になる可能性がある。では、無視した後の関係の修復はどのようになされていくのであろうか。語りの続きである。

「やっぱりどこかで避けた分、例えば夜勤明けの日、朝残れたら（利用者と）オセロをしたりする。それで（利用者の）機嫌が直ったりするし。ちょっとでも話を聞くだけで（気分や態度が）変わるし。『さっきはごめんね』って言えるだけでもいいと思うし。それに、いつも自分でさしている目薬を私らがさしてあげるだけでも違うし。そうすると、『あんたも大変だね』と言われる。『一人だものね』とか『私らにも出来ないからね』とか言ってくれる。」

高齢者の尊厳を支えるという理念に照らしても、また理事長に直接苦情を言われたりユニットの運営に支障をきたしたりするという現実に照らしても、利用者に対する関係修復は大切である。夜勤が終わった後の私的な時間を削って、あるいは勤務時間内においても通常はしないささやかな特別扱いをすることで、「あんたも大変だね。私らにも出来ないからね」というねぎらいの言葉を引

きだせ、関係が維持できていることが確認できるのである。

　このように、ケアワーカーによって繊細に注意深く「気づかい」はなされている。ここで、Aさんが「無視」「聞き流す」という対処法が必要だと実感したのは、利用者の訴えをすべて受け入れようとしていた6月に過労で倒れたという体験があるからだ、と語られた。この時点でのAさんは深く自分自身を利用者にかかわらせ、利用者のアイデンティティの揺らぎに振り回され、呑み込まれる体験をしていたと推察できる。

　これは、武井が看護職の感情労働における患者への感情移入に関して「共感」とそれが過剰である「巻き込まれ」とを対比して述べていることと関連する。武井は患者との距離を取った関係性を構築するとともに、患者への配慮も重視したいと述べている（武井 2001: 258）。

　Aさんは「巻き込まれ」に陥り、結果としてケア現場から一旦退場せざるを得ない状況を招いた。「はいはい」「わかっとるよ、わかっとるよ」といいながら要求を無視するのは、ケアワーカーとして「感じるべきこと」に沿った表層演技にほかならない。Aさんはこの方法を採用することではじめて、ユニット勤務を継続することができていると語っているのである。そしてAさんがささやかな特別扱いといった形でみせる「気づかい」は、せめぎあいの中で利用者の自尊心を支え、ケアワーカーとの関係を良好な形で維持し、ユニットの統制をとるという重要な目的を持っている。

　かつて天田が描き出した圧倒的なケアワーカーの優位性に対し、小規模化された全人的介護という理念の下の現場では、ケアワーカー自身のみならず利用者の感情管理もが不可欠となっていることが明らかである。ユニットにおいては濃密な人間関係の中での個別的な対応を8人の利用者個々に応じて重層的に、また時には同時に要請されるのである。それら複雑な要請と対応といった関係を調整し、利用者個々の人格を支えるためには、「無視」や「聞き流す」という表層演技による自己の感情管理のみならず、利用者一人ひとりへのささやかでも特別な「気づかい」をするといった方法での他者の感情管理が重要な技能となってくるのである。それらが笑顔や、場面に応じた敬語の使用といった形で相即的になされているのが、ユニットにおけるケア労働の特徴といえよう。これは、もはや「気づかい労働」と言っても過言ではないだろう。

6 「気づかい労働」はどのように行われるか

6-1 労働の実態——不規則かつ長大な勤務時間

　アオギリ園のAさんについては、その労働時間が長くかつ不規則であるがゆえに、私的生活を犠牲にせざるをえないという事実をすでに、第2章で示している。休みの日はどう過ごすのかという問いに、「休日？　もう寝るか、遊ぶか」とAさんは答えた。また、将来設計として育児休暇があったとしても継続しては働けない、先輩も結婚か妊娠を機にやめていることを語り、

> 「（勤務の継続は）私はできない。今だから、自分のことだけでいいから、たぶんできる仕事で、日勤でも身体が……。家のことをするとかそんな余裕が……。一人暮らししていたらたぶんなかったかなぁと思う」

と、家事や自分以外の家族のことをしながらでは、仕事はできないだろうと述べている。

　こういった厳しい勤務の状況は、アオギリ園だけのことであろうか。シラカシ園をみてみよう。シラカシ園の勤務形態は、施設紹介で示したように変則3交代である。4階で勤務するCさんの勤務から労働時間をみてみよう（121頁、図3-1）。シラカシ園は職員の交代が多く、別のフロアへの応援体制が組まれている上、同じフロアでも2つあるどちらのユニットで勤務するかは、勤務表が作られた時点では不確定であるという。夜勤は二日にまたがるが、一日分の勤務とみなされ勤務の終了した日が休みと数えられる。すなわち、休みの日でも確実に7時間は仕事を命ぜられていることになる。図3-1にそって勤務の一例をあげると、Cさんは1日（水）は早出6:30〜15:30の勤務、2日（木）も早出、3日（金）は遅出12:30〜21:30の勤務、4日（土）は夜勤21:00〜翌朝7:00の勤務、5日（日）が夜勤明けすなわち休み、6日（月）は遅出、7日（火）が早出である。夜勤を除く1勤務は基本的に休憩時間込みで9時間拘束され、実働は8時間と設定されている。Cさんは、「仕事してみて辛かったことは？」という問いに次のように語った。

「睡眠時間が減ったこと。遅出後の早出は、もう……しんどい。BA（遅出、早出）で中休みだったら楽だけど、このBAA（遅出、早出、早出）とか、こういった時はもう……（睡眠時間は）5時間。ちょっと寝られたらいいかなって感じ。疲れた。体重は減ったし……」

遅出で夜の9時半まで勤務をした後には、5時間の睡眠しかとらず6時半からの早出にでる。その睡眠は「ちょっと寝られたらいいかなって感じ」という表現しかできないような質の低い睡眠である。20歳の若さにして「疲れた」と言わせ、体重も減ったとその辛さを訴えている。次に、ひとり職場としての労働実態を見ていく。

6-2　労働の実態──ひとりの労働

　11日（土）のアオギリ園のAさんの午前中の勤務（102頁、図2-5）を詳細にみていく。勤務は4ユニット（利用者8人）での「通し」である。朝7時半から勤務を始める。前日からの夜勤者が1ユニットと4ユニットの利用者の起床介助をし、リビングへ誘導しているところである。Aさんは8時に厨房からあがってくる朝食が始められるよう、食卓の準備をし食器やお茶の用意をする。食事は鍋に入った状態でユニットに到着するため、各利用者の食器への盛り付けをしなければ食事は始まらない。ユニットケアの理念からすれば、これら食事や家事にまつわる作業は利用者が役割を持ち協力し合って行いやすいものと考えられる。しかし、現実には「嫌がりますねぇ、利用者同士が。あの人が触ったのは私は嫌だとか。あの人は病気があるんだとか」とAさんが語るように、利用者の参加はなく、ケアワーカーがユニット全員の食事を盛り付け、続けて食事介助をすることになる。

　食事介助が始まった頃、利用者が離れたベッドを整え、必要な場合にはシーツや寝具を交換し、各居室のごみ捨てや整頓を終えた夜勤者が食事介助に加わる。ユニットには日勤者が1人と二つのユニットに夜勤者が1人しかいないので、一度に食事介助ができるのは1人か2人である。それ以上の利用者に食事介助が必要になれば、待ってもらうしかない。夜勤者の勤務は9時半までであるので、それまでに夜勤者から日勤者への申し送りが行われる。各ユニットのリビングで、日勤者に申し送りをするのだが、まだ食事介助が終わっていない

こともある。

　9時を過ぎるとお風呂の準備をしなければ入浴が遅くなる。食事介助が終れば、食器の片付けをしながら、利用者の血圧や体温を測っておく。食器はユニット管理であるため、気を使う。食器洗い機はあるものの、残飯がこびりついているためそれではきれいに洗えない。結局1枚ずつ手洗いをする。食事の片づけが終わると、利用者に声を掛けながら入浴介助を始める。11日には11時までに3人の入浴介助をした。4ユニットの勤務者は1人なので、利用者をユニット内の浴室へ誘導し、脱衣、洗身・洗髪介助、着衣・整髪、終了後の居室・リビングへの誘導はすべてAさんが1人で行わなければならない。

　隣の1ユニットの勤務者に声をかけ、4ユニットの様子も見てもらえるよう頼んでおく。入浴介助中は10時を目安に介助の手を止め、ユニットの全利用者の水分補給をする。入浴は11時には終了させ、洗濯を始めないと、その後の昼食準備ができなくなる。4ユニットでAさんが入浴介助をしている間は、1ユニットの勤務者が1と4の両方のユニットを見守ることになる。このような状況で果たして、職員と利用者がゆったりとした時間のなかで役割を持った共同生活と営むというユニットケアの理念は、実現できているのだろうか。次の語りを見てみよう。

　　　（入浴時間は一人30分？）「も入らないですね。しかも飲水も全部、合間合間でしていくんです。みんなに。だから上がってもらったときがたまたま10時だったら、全部の部屋を回って『ちょっと出てきて〜、お茶飲みましょう〜』って言って。そして先に用意しておいて、『ちょっとお風呂行って来るから、飲んでてね〜』って言って次（の人を風呂に）いれて……」
　　　（昼食は利用者さんと一緒にとるの？）「じゃないです。（食事の片付け、排泄介助が）ぜーんぶ終って片付けて、1時か1時半ぐらいになって、そこから特浴の準備もしないといけないし、それと同時に職員もごはんを食べて……今のうちに食べとこう……って。（職員の食事中、利用者が）普通に『トイレ』って言われたら、食べてても（介助に行く）。コールも普通に鳴るし……」

　入浴介助を一人ずつ順番に行いながら、残りの7人の様子を気にかけ、10時のお茶を用意するという。上の語りからは、ケアワーカー自身はお茶の準備

をして利用者に声をかけるだけで、次の入浴介助に入っている様子がうかがえる。食事場面にしても、利用者の食事時間は介助で精一杯で、その後に慌しく業務をこなしながら食事をとる様子が語られている。かつて、大規模処遇にあっては、食事・入浴・排泄を「三大介護」と称していた。この三つは人として最低限の生理的欲求を満たすためのケアである。ケアの場が小規模化したことで、これらのケアは利用者一人ひとりのその時の状況に合わせ、柔軟に、豊かに提供されることが期待されている。しかし、上の語りにあるようなひとり職場では、時間に追われながら安全に三大介護を提供することが当面の目標になっているといった印象をうける。

　シラカシ園のCさんは、朝の忙しさや夜の就寝介助の忙しさについて語るとき「そうしないと後が恐い」と表現した。8時に食事を始めるためには、利用者には7時くらいから食卓に向かって座ってもらっておかないと「後が恐い」、20時になったらユニットの10人のうち3人は寝かしておかないと「後が恐い」という言い方である。新米ケアワーカーにとっては、なんとか自分の勤務を無事に済ませ、次の勤務者に引き継ぐことが大きな課題であるようだ。

　このように、ユニットにおける「気づかい労働」は、ひとり職場であるという背景の中では、ケアをどのような手順でスムーズに行うかといった頭脳労働、身体労働のなかで同時に行うこととなる。第2章で示した「ながら遂行型労働」とは、単に「流れ作業」に対比させる労働のしかたではなく、利用者個々の文脈を読みときつつ、同時に身体と生活を支える頭脳労働、身体労働を行う、その中で「気づかい労働」をしていくという重層的に多様な労働をするといった労働の進め方なのである。次に夜勤について見ていく。

6-3　労働の実態——孤独な夜勤

　2005年に介護労働安定センターが全国のグループホーム、ユニットケア実施の特別養護老人ホームで働く職員に行った調査では、職場・仕事におけるストレスを強く感じることとして「夜勤時に何か起こるのではないかと不安がある」が1位であった。Aさんも夜勤は恐いと次のように語っている。

　　「反対側の人（2・3ユニットの夜勤者）と一緒にいるんですよ。私恐
　　いから。で、どっちかが仮眠のときは2時間の間は一人で見回り行って。で

も恐いから（もう一人が）寝ているところにいますけど。」

（何が恐い？）「おばけ……でもなんかあった時って恐いですね。転倒とか、見に行くのが恐いですね。息してるかとか。」

「私死ぬっていうの、まだ見たことないんですよ。だからそういうのが恐い。夜は。」

「こけたかどうかなんてもう、どうでもいいですよ。それより息してるかどうかだけが恐い。だって不穏になってたら絶対生きてるし、元気な証拠っていうか。……静かに寝られるほうが恐い」

　Aさんは、1と4ユニットの夜勤をしているのだが、「恐い」ので2と3ユニットの夜勤者と一緒に過ごすという。見回りも仮眠時間以外は一人ではしていない。まだ「死」に出会ったこともなく、もし見回り時に利用者が息をしていなかったらどうしよう……と恐がっている。現場に入って「あーなんかでも意外とできるかな。自分でもできるんだな」と感じているAさんだが、利用者の「死」を引き受けなければならない恐さ、「死」と隣り合わせかもしれないという恐さを、夜勤の度ごとに感じているのである。20歳の女性としては自然な感覚であるはずのものが、ケアワーカーという役割を担う上での困難に結びついているのではないかと考えられる。次に、そういった不安や恐怖を支えあっている同僚との関係について見てみよう。

6-4　労働の実態――仲間との連帯

　Aさんが、厳しくても仕事が辞められないと話す、その理由は「仲間がいる」ということである。職場の同僚との関係が良いことが、Aさんの誇りである。例えば次の語りを見てみよう。

「こないだも、なんか喉に詰まらせて……ひっかかったっていうか。変なとこに入って。私が呼ばれていって、『看護婦さん呼んでー』とか、『吸引持ってきてー』とか、ばーって皆集まりますね。そういう時。」

　ここでは、利用者が食べ物を喉に詰まらせるという危機的状況で、職員が「ばーっ」と集まるという形で連携をとる状況が語られている。そうした関係

の背景には、過酷な労働の実態を生き延びる方策として濃密な連携がとられているという性格がある。つまり次の語りがそうである。

　　（利用者が入浴を嫌がったら）「ほんとに嫌だって言ったら、もう次の日にまわしたり。でも次の日（の勤務者）が『通し』とかだったら、職員がもうもたないじゃないですか」
　　（就寝援助について）「皆自分のところ早く終わらせて、忙しいところを手伝いに行こうとかって。そればっかり。隣が気になるっていうか。」
　　「自分の勤務時間内でできることは全部やって帰る。次の人に残さずに。どれだけ残さずに帰れるかっていう。」

　入浴はユニットにおいても、最低週2回とされている。8人の利用者が週2回入浴するためには、毎日2～3人が入浴することとなる。しかし、「通し」と呼ばれる13時間勤務の日は身体が辛いので、入浴はできるだけ少なくしたい。そのような中で、一人の利用者が入浴を拒否した場合、「次の日（の入浴を担当する職員）が『通し』だったら職員がもたない」と次の勤務者にどのような影響が及ぶのかを考えているのである。また、就寝前は一斉に排泄介助や更衣介助、洗面等が混みあう時間である。「早く終らせて忙しいところを手伝いに行かねばならない」と他の勤務者を気づかっている。「次の人に残さずに全部やって帰る」といった労働の厳しさが、職員間の強い連帯を生み出しているのではないだろうか。勤務時間外においても、時間の調整がつけば夕食をともにすることがある。そのことについても、次の語りがある。

　　「皆で行こう、皆で行こうみたいな。孤立するのじゃなくて、皆でなんかしようよ、みたいな。じゃないと仕事が回らないっていうか。それくらいの気持ちでいないと、あの人には頼みにくいとか言い出したら、たぶん（仕事が）回らなくなるし。」

　このように時間外であっても、「皆で行こう」「じゃないと仕事が回らない」というように連帯を図らざるを得ない状況がある。
　では、こうした強い紐帯で結ばれた関係は他の職員集団のどのレベルまで及

んでいるのだろうか。Aさんが属する職員集団のヒエラルキーの頂点に位置するのは、理事長、次に理事長婦人である施設長、事務長であり、現場責任者である統括部長（看護職）の下に、3階の勤務表に登場する看護主任、介護主任が配置されている。しかし、Aさんにとって、「（両主任は）もう遠い」存在である。現業を担う仲間、「ピア」としてみなされていない。それは、業務改善がなかなか出来ない現状を語った中で、「『でもできるでしょ』っていうのが上の人。『いままでやってきたでしょ』って」と語られた。では、その線引きの基準とは何であろうか。次の語りをみてみよう。

　　（主任に夜勤中によく電話するけど）「それはみんな嫌味っていうか。なんか。あんたたちは夜勤せずに帰ってるでしょっていう。電話がかかってきても、当たり前でしょっていう、たぶんそういう考えがみんなある」
　　「携帯持って寝てるみたいです。たいてい起きるんですよすぐ。耳元においで寝るって。だから休みも休みじゃないって。とりあえず（利用者が）転倒したら、何も無くても連絡します。あとで『なんで言わなかったの』って言われるのは嫌だから、みんなとりあえず（報告する）。」

　夜勤をする人としない人の間にラインが引かれている。夜勤中に、助言を求めてよく「上の人」には電話をするという語りにおいても、夜中に電話で起こされる「上の人」への遠慮や同情といった配慮よりは、むしろ対抗的な感情が語られていた。

6-5　労働の過酷さ

　Aさんが13時間30分に及ぶ「通し」勤務中に、自らの排泄のためにトイレに行ったのはわずか1回であった。昼食は利用者の食事介助をしながら15分程度で済ませ、勤務中に3回だけお茶を一杯ずつ飲んだ。また、利用者の介助を行う時間以外にAさん自身が椅子に座ったのは、記録のためだけで35分間であった。かつてケアワーカーの健康問題といえば「腰痛」であったが、ユニットケアが導入されてからはそれに加えて「膀胱炎」があげられるようになった。それはひとり勤務であるため、トイレに行くタイミングを逃してしまうという理由から罹患者が増大したものである（上野編 2005）。

従来型大規模処遇においては、ハード面においても利用者が入ることのできないエリアが存在する。サービス・ステーションはケア単位一箇所ごとに設置され、その中に休憩スペースがあったり、職員用トイレを設けていたりする施設も多い。しかし、アオギリ園のユニットにおいては、ユニットのスペースはすべて利用者の生活空間であった。職員のためのスペースは、4つのユニットの中央に配置されたサービス・ステーションとその横のトイレであるが、サービス・ステーションは管理台帳とエレベーターや警報などの制御盤、外線電話で満たされており、机の前に一人座ればもう部屋は一杯であった。

　自分自身の生理的欲求を満たすという部分が十分保障されないまま、「目を離すのが恐い」「何かが起こるかもしれない」という責任感と、ひっきりなしの利用者ニーズへの対応によって、ケアワーカーは休憩時間を取ることができていない。ユニットでの観察においても朝から食事を食べてくれない利用者に加え、何度もトイレに行きたいと訴えるにも関わらず排泄がない利用者、一方では体調不良を訴える利用者といった、複数の同時に起こる訴えに挟まれて、時に看護師を呼びながら、時に利用者に詫びながら、辛抱強く関わる様子が観察された。ひとり勤務においては、交代要員がおらず利用者の訴えから逃げようがないのである。

　そのような思いを抱えて勤務した後、次の勤務者への申し送りはリビングのテーブルで行われる。当然、周囲には利用者がおり、時に申し送りに口を挟んでくる。ケアワーカーにとっては、利用者本人が聞いて不愉快なこと、聞かせたくないことはその場では話せない。必要な情報のみ伝達をして申し送りは終わる。従来型大規模処遇では利用者から離れたサービス・ステーションで申し送りをする。その勤務において生じたケアワーカーの疑問や悩みは次の勤務者と共有でき、スキルアップの機会にもなる。また、悩みや感情を吐き出すだけでも気が楽になる。時には私的な話もしながら緊張した勤務時間が終了したという安堵感を感じることができるのである。ユニットにおける利用者に開かれた申し送りは一面ではケア内容の情報開示という側面もあるが、ケアワーカーにとっては貴重なシェアの機会が奪われやすくなることを意味している。

　ユニットに勤務するケアワーカーを対象としたアンケート調査においても、約8割の人が「夜勤時に何か起こるのではないかという不安がある」「入居者に適切なケアができているか不安がある」と回答し、9割以上の人が「事故や

トラブルへの対応体制」をとってほしい、「上司や先輩に仕事上の疑問点を聞く機会の設定」をしてほしいと回答している（佐藤編 2005）。利用者の食事が進まないことを心配し、排泄の様子を気にかけているケアワーカーは自らの健康という資源をユニットでの勤務に投入し枯渇させていっているように思える。

6-6　第二次的調整

　ゴッフマンは『アサイラム』において、「第二次的調整」という概念を示した。それは、特定の組織内の個人が非公認の手段を用いるか、あるいは非公認の目的を達するか、あるいは双方を同時にするかして、彼の為すべきこと、得るべきもの、かくして彼の本来の存在様態とされているものなどをめぐる組織の非明示的仮定を回避することと定義される（Goffman 1961=1985: 201）。ユニットにおいて、ケアワーカーたちは利用者の生命と生活と尊厳を支えるといった労働をおこなっているのだが、そこにはちょっとしたしたたかさも生まれてきている。

　「VIPユニット」で勤務するAさんは、それを「コツ」とよぶ。利用者の特性を知り、それを利用して仕事を減らしたり、困難を回避したりすることができるのだ。新しく入った中年の男性職員Zさんが貴重な存在だと話すAさんの語りを見てみよう。

> 「女の人ってすごい喜ぶんですよね。（男性が関わると）すごい、嬉しそうっていうか、腹が立つくらい嬉しそう。だから、呼ぶっていうか、なんか不穏になった時には、呼んで『どうにかして〜』みたいな。近づいて話しただけでも笑って戻る……ていう。（男性職員の見た目が）もう、かっこいいとか、かっこ悪いとか（関係）なく。すごいですよ。」

　利用者が不穏になったら、利用者にとってお気に入りの男性職員を呼んで「どうにかして〜」と関わりを交代する。そうすると、男性職員が近づいて話しただけでも利用者に笑顔が戻ってくるというのである。さらには、その男性が格好良いとか格好悪いとかは関係ない、とまで言っている。Zさんは、Aさんに3カ月遅れて入職した新人である。常に隣のユニットにZさんが勤務しているわけではないが、Zさんの勤務しているときには大抵、顔を見せに

「VIPユニット」に寄ってもらうと言う。

　他にも、社会的・経済的地位が高かったという「VIP」の人たちの心を高揚させる言葉をよく使っている。例えば、私が「VIPユニット」へ調査に入らせてもらった日の、Aさんの利用者への挨拶は次のようであった。

　　「今日はねえ、私の学校の先生がねえ、チヨさんやハルさんや皆さんにお会いしたいと言ってねえ、わざわざ●●から来てくださったんよ。皆さんにお会いしたいんですって。私の学校の先生よ。お土産もいただいたんよ。」

　高齢者の持つ通念上の権威の一つである「学校の先生」という言葉を選び、「先生」が皆さんに「お会いしたい」と言って、「土産を持って」「遠方から」「わざわざ」来たと表現している。こういった挨拶によって、チヨさんはお茶を入れてくれ、ハルさんはご挨拶に出てこられ、ヨシさんはわざわざ施設内を案内してくださるという歓待ぶりであった。

　また、業務をスムーズに済ませるコツは、利用者を「不穏にさせないこと」と言う。不穏にさせないためには、「自分が焦らないこと」「ゆっくり」「笑って小言を聞き流す」ことが必要で、同僚の中には必ず特定の利用者を不穏にさせてしまう人がいるが、そこを上手にカバーして利用者を不穏にさせないようにするのだという。

　　「(同僚の) Yさんが勤務していたら、私は手伝いに行きます。不穏にならないように。ヤエさんが不穏になりそうだったら、『私が見ます』とかいって連れて行って、『また落ち着いたら連れてきます』って言って。『薬とか飲んでくれないのよ』とか言われたら『ああいいですよ、ここに置いておいてくれたら、私がしますよ』って」
　　「私がテンパリそうに(焦りそうに)なったら、上の人を呼ぶんです。主任、部長クラスを呼ぶんです。利用者が怒ってるっていうのは、すぐ分かってもらえるんです。」
　　「(自分が)パニックになったら、もう取り返しがつかないっていうか、仕事が終わらなくなる」

第3章　「自尊心を支える」ケアとは何か

同じフロアで誰が勤務しているかを把握し、その人の苦手な部分は先回りしてカバーする。自分自身も焦ってしまうと、「取り返しのつかない」状態を引き起こすので、その前に上司に助けを求めるというのである。夜勤時に何かあるごとに上司に電話をする、という対処方法もそうであるが、利用者の不穏状態や事故・急変といったことは慎重に予防したうえで、万が一、起こった場合には一刻も早く上司にバトンタッチするといった手当がなされている。

ユニット内の8人の利用者に対して13時間にも及ぶ勤務中、「ながら遂行型労働」の中で「気づかい労働」をし続けるケアワーカーにとっては、あらゆるものがユニットの平穏を保ち、自らの「気づかい労働」を平易にする資源となるのである。

7　小括

本章では、ユニットにおいて利用者の「自尊心を支える」ケアがどのようになされているかという点からケアワーカーの体験をみた。利用者の生活においては、表面的には、かつてみられたようなアサイラム的状況が薄まり、利用者が人として尊重される部分のみならず、ケアワーカーと利用者のせめぎあいの場面の誕生という側面があるという事実が見出された。また、ケアワーカーの労働においては、自己の感情管理と同時に他者の感情管理のための技能である「気づかい労働」が重要であり、ユニットにおいて相即的になされている事実も見出された。かつてゴッフマンが見出したアサイラム状況は、現代日本のユニットケア施設の利用者には当てはまらない。しかし、ユニットにおいても利用者は自らの生活をアサイラム的だと感じ、ささやかな抵抗を試みている。それは、新しい認知症ケア理念を持つ新人ケアワーカーにとっては容易でない「気づかい労働」を生じさせる結果にもなっていた。

そして、そういった「気づかい」労働は身体的にも精神的にも厳しい労働の中で、前章で示した「疑似的家事労働」も含みつつ、「ながら遂行型」に重層的になされていた。

制度開始当初、ユニットケアで強調されたのは「家庭的」ということであった。一般家庭でも、家族がリビングに集まればユニットと同様の光景は見られるであろう。しかし要介護状態の高齢者が暮らす介護老人保健施設のユニット

では、利用者一人ひとりが固有の障害を抱え、かつ個性的な生活を望んでいる。認知症によって揺らぎやすい自我の持ち主である利用者の自尊心維持につとめ、一人ひとりのニーズに応え、豊かな生活を創り出すことがケアワーカーの業務である。

　ホームヘルプサービスにおいてケア労働を研究している笹谷は、2006年の介護保険制度改正後のホームヘルプサービスにおけるケアリング関係を「自己統制モデル」と表現している。それは、軽度と認定された高齢者に対するサービス規制が厳しくなったことが、行政によって作られた状況であり、介護保険制度のカバー範囲を最低限にとどめ、それ以外の必要なサービスは自己責任で、家族を中心としたインフォーマルケア資源や商品サービスなど、保険外のサービスを利用する構造に再編されたためであると述べている（笹谷2008）。

　しかし、施設介護においては、これと正反対のことが起こっているように思える。すなわち、市場化によって利潤をあげるためには、選ばれる商品としての付加価値をより多く持たせたケアへと進化させることが必要だからである。例えば、アオギリ園は「やすらぎ・よろこび・ゆたかさ」を基本理念として、「ご利用者のみなさまに日々の生活の中で『やすらぎ』『よろこび』『ゆたかさ』を実感していただく」という標語を年間目標に挙げていた。「日々の生活の中で」を具現化するのは、他ならない一人で13時間から17時間の勤務をするケアワーカーなのである。こういった状況は「気づかい」を伴う「ながら遂行型」の労働を増大させる方向へと進まざるを得ないのではないかと危惧している。

[注]
1）カントは『人倫の形而上学の位置づけ』において「目的の国ではすべてが価格または尊厳を持つ。価格をもつものには、その代わりに何か他のものを等価物としておくことができる。これに反し、あらゆる価値を超え、したがって等価物の存在をゆるさぬものは、尊厳をもつ」と述べている。尊厳をもつものこそが等価値（他と代えうるにたるだけの存在）をもたない絶対的な存在であり、かけがえのない唯一無比のものであるということである。さらに、「尊厳を、すなわち無条件な無比な価値をもたねばならず、この価値に対しては、尊厳という語のみが、理性的存在者のそれに捧ぐべき尊重の念の適切な表現である。それゆえ自律が人間すべての理性的存在者の尊厳の根拠なのである」とも述べている。ここでは尊厳を表すもう一つとして自律という概念が明らかにされている。カントは人間が理性

的存在者として自分で自分の行動の規制を決定するという意味で自律を使っている。したがって、人間の尊厳を考えるとき、唯一性もしくは独自性ということと自律ということがあげられる。(藤原 2010)
2）施設入所者の要介護認定においては施設職員によって申請がなされ、施設内あるいは関係者である医師によって意見書が書かれる。対象施設の場合、施設側の利害や縁故関係によって裁量されている面があると推察された。
3）西川勝は、閉鎖した関係ではなく複数の人から「ケアのかけら」をパッチングすることで成り立つケアを「パッチングケア」と名づけた。人はさまざまな関係の網目の中で生きている。何か助けが必要になったときにも、すべてを完全に与えてくれる全能者など必要ない。パッチングケアは息苦しく相手を包み込んでしまわない、小さなケアがそれぞれの意図を超えた模様をパッチングしている。こんなケアが相手を理解や操作で翻弄しないケアになる、と近年の生活史や心理から文脈的に理解しようとする認知症ケアの傾向を批判している。

終　章

ユニットにおけるケア労働の特質
——ながら遂行型労働論の提起

　ユニットでのフィールドワークから見出された事実は「疑似的家事労働」や身体介助などを行いながら、さらに同時に利用者の文脈を読み解き、それに即した複雑な感情管理と気づかい労働が「ながら遂行型」に行われている事実であった。しかしながら、同じユニットというケア形態をとっていたとしても、アオギリ園のケアワーカーの働き方とトチノキ園のケアワーカーの働き方には共通する部分もあれば、異なる部分もあった。

　本章ではまず、ユニットケア実施の2施設に見られた労働のしかたの差異を利用者の重度化という視点から検討する。その後に、これまでの章で「疑似的家事労働」と表現してきた労働について若干の検討を加え、最後に「ながら遂行型」労働について今回得た知見を確認しつつ、「ながらケア」と呼ばれるケアスキルとの相違を明確にする。

　結論を先取りすると、ユニットケアの核となるものは、建物の構造でもなく労働の内容でもない。核となるものは、ケアワーカーと利用者が対等な「人」として出会うという対人関係の質である。しかしそれは、利用者の自己主張能力の差や施設経営者の姿勢によって、かなり大きなずれ幅を持つ性質のものでもある。つまり、ユニットケアという小規模化されたケア労働は、従来型に比べ評価・競争に晒されないといった特性をもっており、それゆえかかわるケアワーカー個人の恣意性に委ねられやすい。それは、利用者の自己主張能力が低下し、かつ家族という代弁者が沈黙した場合には、利用者主体の関係は築かれず、ケアする側の都合によってケアが行われやすいという危険を孕んでいる。

　しかしずれ幅はあるものの、小規模化されたユニットにおいて利用者の尊厳に配慮するという対人関係の質を保ちながらケアを提供するということは、ケ

表4-1　アオギリ園3階東ユニット、トチノキ園1階東ユニットにおける利用者像

ADL項目	介助内容	アオギリ園　8人	トチノキ園　10人
食事	経管栄養	1人	1人
	全介助	2人	4人
	一部介助	1人	5人
	自立	4人	0人
排泄	おむつ全介助	3人	6人
	トイレにて介助	1人	4人
	自立	4人	0人
入浴	特殊浴槽入浴	3人	5人
	個浴介助	1人	5人
	自立	4人	0人
移動	車いす全介助	3人	6人
	車いす一部介助	1人	1人
	手引き歩行	0人	2人
	自立（杖歩行含む）	4人	1人

アワーカーにとってみれば、身体的・頭脳的労働として直接的介護労働と「疑似的家事労働」を行いながら、複数の利用者を視野に入れたうえで同時並行的に「気づかい労働」をしつつ、さらに1日のユニットの生活を踏まえて自らの労働過程をその都度再編していくといった「ながら遂行型労働」という働き方でしか充足できないのである。

利用者の重度化といった現実を踏まえると、こういったケアワーカーの労働のしかたは、現行の職員配置基準ではケアワーカーに疲弊をもたらす結果にしかならない。早急な制度の見直しが必要であると提言したい。

1　利用者の重度化とケア労働

まず、ユニットケア実施の2施設間に見られた労働のしかたの差異について見てみたい。アオギリ園とトチノキ園の決定的な相違は、利用者の要介護度の違いである。アオギリ園全体での平均要介護度が3.12であり、観察を行ったユニットはその中でも自立度の高いユニットであったのに対し、トチノキ園全体での平均要介護度は4.02であり、観察を行ったユニットは施設の中でも要介護度の高い人たちのフロアにあるユニットであった。このことは、利用者の重度化に伴いユニットのケア労働がどのように変化するかという視点から示唆

表 4-2　アオギリ園とトチノキ園において差のあった行為率（％）

		アオギリ園 Aさん	トチノキ園 Nさん
入浴	入浴	7.5	9.4
	浴室内の移動等	1.5	6.3
排泄	排泄	29.9	43.8
	排泄時の移乗等	22.4	29.7
食事	食事	68.7	71.9
問題行動	問題行動発生時の対応	16.4	3.1
	問題行動の予防的対応	7.5	3.1
医療・看護	薬物療法（経口薬、坐薬、注射、自己注射、輸液、輸血など）	10.4	14.1
	呼吸器・循環器・消化器・泌尿器にかかる処置（吸引、吸入、排痰、経口・経管栄養、摘便、浣腸など）	13.4	25.0
	運動器・皮膚・眼・耳鼻咽喉・歯科及び手術にかかる処置（牽引、固定、温・冷罨法など）	1.5	7.8
ユニットに特徴的なもの	食事に関する家事	53.7	46.9
	利用者間調整　関係見守り	34.3	4.7
	関係介入	11.9	3.1

を与えてくれる。

　まず、表4-1にてアオギリ園とトチノキ園の観察ユニットの利用者のADL状況を紹介する。トチノキ園ではいずれの項目でも介助の不要な「自立」といった状況の人は0か1人であるのに対し、アオギリ園では約半数の利用者がすべての項目において「自立」である。このことが、どのようにケア労働の内容を変えているのだろうか。

　第2章表2-3で示した行為ごとの行為率からケア内容の違いを見てみよう。表4-2にアオギリ園とトチノキ園の行為率において差のあったものを再掲した。かつての従来型大規模処遇時代に三大介護と呼ばれた、「入浴・排泄・食事」における行為率がトチノキ園においてすべて若干だが高くなっている。「医療・看護」の「薬物療法」に分類した行為はすべて内服薬の内服介助、「呼吸器・循環器・消化器・泌尿器にかかる処置」は経管栄養[1]、「運動器・皮膚・眼・耳鼻咽喉・歯科及び手術にかかる処置」は点眼である。これらもトチノキ園で高くなっている。反対に、利用者の認知機能や身体能力が低下すると自己主張能力や他者への関心といったことも変化し、「利用者間調整」といった労

働内容は格段に減っている[2]。

　しかし、ここには矛盾した事実がある。それは、ADL介助において一部介助と全介助を比較した場合、一部介助の方が利用者の動作のスピードを待ち、それに合わせて介助するため、介護者のペースで介助できる全介助に比べ時間がかかるということである。そもそも、認知症ケアの介護負担に関する先行研究の多くが、認知症が深くても身体的自立度の高い時期が最も介護負担が大きく、身体機能が低下し寝たきり状態になってしまえば、BPSDへの対処が不要となり介護者主体での身体的ケアだけで済むようになることから、介護負担感が軽減することを明らかにしている（朝田1991, 菅崎1994）。その点を考慮すると、トチノキ園ではかなりの時間をADL介助に費やしていることが明らかである。

　では、「利用者主体の個別ケア」を理念とするユニットケアの現場において、重度化し自己主張能力の低下した利用者に対してどのように、「利用者主体」のケアを実現しようとしているのであろうか。そのためには、膨大なコミュニケーションが気づかい労働としてなされていたことは第3章でみたとおりであるが、トチノキ園で観察された光景からそのことを考えてみる。

　トチノキ園で暮らすヒサコさんは目は開いているものの、身体は自分で動かせず声かけにも応答はない。胃ろう[3]が造設されており、ケアワーカーの関わりはおむつ交換と同時に行われる体位変換、胃ろうからの食事注入、洗面などの時に限られていた。ヒサコさんのベッドの左側には朝8時ごろから23時までつけっぱなしのテレビがある。テレビのチャンネルが変えられる場面は観察されず、体位変換しても顔だけはテレビの方を向いていた。そのことについて説明したケアワーカーの語りを紹介する。

　　「ヒサコさんはねえ。テレビが好きなんですよ。見てるんです。確実に。以前、ベッドの位置を変えようとした（ベッドごとヒサコさんを動かした）時に、ヒサコさんは眼でテレビを追ってたんです。見たかったんですね。その時、分かったんです、テレビを見てるんだって。だから、朝テレビをつけたら消灯までつけてあげているんです。遅くまで起きているので夜の11時までは見せてあげようって（職員で話し合っている）。見ているんですよ。」

言語や表情で意思疎通のできないヒサコさんである。認知症ケアの理念に照らし、ヒサコさんの思いに寄り添おうとした結果、テレビを追うヒサコさんの視線に気づいたのだと語られている。そして、たった一度の気づきを基に毎日朝から深夜までチャンネルを変えることもなく、ずっとテレビを流すことがヒサコさんの思いに沿ったケアだと説明されたのである。ヒサコさんのような自己主張能力を失った（ようにみえる）利用者にとって、「利用者主体」のケアとはどういったことであろうか。自己主張のできなくなった人の尊厳を支えるといったことでは、その人の人生を知り、こだわりを知り習慣を知るといった、健康なころの生活を思い描きながらそこに少しでも近づけるといった実践しかない（長谷川 2008: 86-90）。しかしここで、ヒサコさんはどんな人生を送ってきた人なのか、何を生きがいにしてきた人なのかといったことについてケアワーカーから語られることはなかった。

　こういった状況について、一つには「ルーティン化」や施設管理者の関与といったケアを提供する側がもつ落とし穴的側面から、次に政策的背景から検討を加えたい。

　D. チャンブリスは病院で働く看護師を対象にしたフィールドワークから、反復すること、神聖を冒すこと、実存性、環境を知る、言葉を学ぶ、技術を学ぶ、患者を知るといったことでルーティン化がおこることを示した（Chambliss 1996=2002: 19-56）。重度化した認知症の人の日常を支えるなかで、失禁の後始末や裸をさらされること、かかわりのたびに返ってくる暴言や懸命のかかわりにも無反応を貫かれるといった特異な体験が反復され、その対処を学び、ケアワーカーの中でルーティン化が進んでいく。ルーティン化は「道徳世界を変容させ」（Chambliss 1996=2002: 74-81）、感情労働を容易にしたり変容させたりする[4]。

　トチノキ園で観察された丁寧な言葉遣いによる、しかし利用者の尊厳という面への能動的なケアが放棄された状況は、ケアワーカーによってなされるルーティン化した対応、いわば〈作法としての寄り添い〉ではないだろうか。穏やかな言葉かけは、それをする側のケアワーカーにとっては認知症ケアの理念にそった目指すべき形である。あるべき姿に沿ったケアができているとケアワーカーは自らを納得させることができる。しかし、ケアを受ける側からすれば、利用者主体の個別ケアであるとは言い難い状況である。では、どのようにすれ

ば利用者主体の個別ケアができるのであろうか。

　R.レイドナーは、マクドナルドの店員に職務において、顧客統制の必要がなく台本化されたセリフなどによるルーティン化した対応（表層演技）だけが要求されている状況を指摘した。さらに管理者の用意した顧客統制技術とこれに含まれる感情管理技術が、顧客による労働者統制を妨げ、労働者を保護していることを明らかにした（Leidner 1993）。このように接客サービス労働における労働過程は、製造業におけるように管理者と労働者の二人の当事者ではなく、顧客を付け加えた三人の当事者から構成される。しかも三人の当事者は接客行為を中心に各自の利害を追求して、他の二者の統制を試みる（鈴木 2006）。これを鈴木和雄は「三極統制構造」と表現している（鈴木 2002）。

　ユニットケアにおける管理者、ケアワーカー、利用者およびその家族の関係もこれに対応させて考えることが可能であろう。利用者の側から権利擁護の視点でみると、アオギリ園のように、自立度が高く自己主張能力も高い利用者との関係においては、利用者がケアワーカーの言動を統制しようとし、管理者が直接ケアワーカーを統制せずとも、ケアワーカーが「気づかい労働」をすることで利用者の権利擁護はなされていた。反対にトチノキ園においては、利用者の自己主張能力が低下しており家族も代替者機能を果たしていなかったことで、利用者からのケアワーカーへの統制は働いていなかった。では、管理者はどのように関与していたのであろうか。

　フィールドワークにあたって、トチノキ園の施設長から調査者への依頼があった。それは、「良く見ていてほしい。どうも東ユニットでは、粥だけを先に食事介助して食べさせている（粥のみ、他の食事より少し早いタイミングでユニットに運ばれているという背景がある。すなわち施設長が問題視しているのは、主食、副食をそろえてお膳として並べないまま食事を始めているということであろう）のじゃないかと思う」というものであった。なぜそのことを第三者である調査者に「見てほしい」と依頼しなければならなかったのであろうか。第2章に紹介したように、トチノキ園では施設長自身が介護福祉士であり、施設長に抜擢されるまでは事務職員として勤務していたことが背景となり、ケアワーカーは施設長を対立する立場としてではなく、「仲間うち」とみなす傾向をもっていた。

　さらに、「要介護度の高い利用者にとって、ユニットケアは意味がない。それどころかホテルコストがかかる分、負担が増すばかりである。この制度には

大いに疑問がある」という施設長の発言は、重度化した利用者に対して従来型大規模処遇と同様のケアしか提供できていないという現状を認め、そうせざるを得ないケアワーカーを擁護している発言である。施設長自身が介護福祉士であるがゆえに、自己主張能力の低下した利用者の思いを知り、それに応えるといったことの困難さを知っているということも背景にあるだろう。「仲間うち」とみなすケアワーカーの視座の中には「自分たちの苦労を分かってくれているから、決して無理なことは要求しない」という期待が存在している。こういった関係の中で、管理者としてケアワーカーに苦言を呈することをためらわせているのではないかとも考えられる。「三極統制構造」の中で利用者の権利擁護に関して、ケアワーカーを統制する力が弱いといった事態がトチノキ園には起こっているといえよう。

「ユニットケア」の命名者である武田は、ネットワークを作り、競い合うことが必要だと語っている。ネットワークとは、ひとつは施設内部でのユニットごとの競い合い、二つ目は地域のネットワークや勉強会での競い合い、三つめが施設ネットワーク間の競い合いである（武田 2005）。事例検討会という場を設定し、それに向かってより深く利用者を知り、利用者の生活の質をあげる競争をさせようとしているのである。これは、同僚間での競争をシステムとして組み込むことで、管理者が直接個々のケアワーカーを統制せずとも、ケアワーカー間で統制が働き、結果的に利用者の権利擁護につながってくると捉えることができる。

また、全国的にみても良質のケアを提供していることで知られている施設では、入居者自治会や家族会を民主的運営のための重要な存在と位置づけ、自治会、家族会ともそれぞれ月例会をもち、日常的に施設の運営に参画するという取組みをしている（市川 2005）。これは、管理者にとっては個々の利用者を統制する煩雑さが緩和されるとともに、受け身になりがちな利用者による管理者・ケアワーカーへの統制がより強く働くといった構造を作り出しているといえよう。重度化に伴い自己主張能力の低下した利用者が居住するユニットでは、この三極統制の力の均衡をどう作るかといった側面でのシステム構築が必要である。

次に、このことが起こっている社会的背景を見てみると、トチノキ園は「開園当初（平成16年）入所者が集まらず、苦労してあちこちに営業に行って集め

た」と施設長が語ったことがある。開設の前年である2003（平成15）年には新型特養が制度化され、ユニットへの誘導が政策的に行われた。であるのにもかかわらず入所者が集まらなかったために、BPSDが激しく他の施設で入所を拒まれたり、長期入院の末に退院を迫られ自宅では暮らせなかったりといったすでに重度で、意思疎通が困難な人を入所者として集めたのである。
　介護報酬改定における「重度化加算」等による政策的誘導で、こういった状況はトチノキ園だけでなく、多くの施設におこっている状況である。そういったユニットでは、利用者と対等な「人」として出会うといったことについて困難を抱えているに相違ない。
　民間の有志によってグループホームケアが試行錯誤され、その画期的な効果を持ってユニットケアが誕生し制度化されたころには、一人の認知症の人を長期にわたり認知症の重度化や身体状況の変化についても、継続する関係性の中で見守り、寄り添うことが想定されていた。その後の制度変化により、在宅、病院、施設といったように障害の局面の変化により生活の場が切り貼りされるように移されるといったことは誰も想定していなかったのである。第1章で示したように、「グループホームでの殺人を繰り返さないために」という勉強会では、「入居者が入居に至る悲しみや辛さを、利用者や家族とともに職員が共有している」から虐待をしないという意見が表明されている（69頁）。ユニットで「利用者主体の個別ケア」をするためには、健康な頃から現在に至るその人らしさについて、ケアワーカーが実感を持って知るといった方策が必要なのではないだろうか。
　今回トチノキ園で出会ったケアワーカーからは「しかたない」という言葉と共に「気づいたことがあったら教えてください」という言葉も調査者に向けられた。そこには、管理者からも利用者からも統制されず、寄る辺ない心もとなさを抱きつつ眼前の問題を片付けているケアワーカーの姿があったように思う。管理者によるケアワーカーの統制とは、顧客（利用者・家族）満足を引き出し利潤を生みだすことだけでなく、やりがいをもってケアに取り組むケアワーカーの主体的姿勢の涵養でもあるはずである。

2　家事労働的性質の付与

　次に従来型大規模処遇での働き方と比較した際に、浮かび上がったユニットにおける「疑似的家事労働」について考察する。食事の準備や片付けといった労働を、「家事的労働」とよび、また「疑似的家事労働」とよんで第 2 章でとりあげたものである。
　「家事労働」とは何か、ということについて山田昌弘の整理を参照したい。山田は「家事労働は内容では定義できない」としたうえで、家族の中で行われる有用労働、欲求（ニーズ）充足活動が家事労働である。同じ活動であっても、家族以外の者に対して行われれば、家事労働ではない。対価を取れば市場における賃労働となり、とらなければ通常ボランティアと呼ばれると説明している。そして、家事労働は市場での賃労働との対比でしか定義できないとし、①家事は支払われない、②家事は「量」的に計算されることがない、③家事労働には競争がないという 3 点を家事労働の特徴としてあげている（山田 1994）。
　①家事は支払われない、ということについては、資本主義社会ではあらゆる労働が金銭換算されるという特徴があるが、家事労働の対価として金銭が支払われることはない。家事労働は無償の「贈与」として行われる。②家事は「量」的に計算されることがない、ということについては、仕事の及ぶ範囲が家族の中に限られ、比較の対象がない。5 時間の手間暇をかけて料理を作っても、インスタント食品で済ませても、食事一回分には変わりない。家族から感謝されるかもしれないが、それは「公」の評価となることはない。③家事労働には競争がない、ということについては、下手でもクビにならないが、嫌だからといってやめることもできない。手抜きをして文句を言われることがあるかもしれないが、だからといってやめさせられるわけではない、と説明されている（山田 1994: 136-52）。
　このことをユニットにおける労働と従来型大規模処遇における労働とで比較してみよう。まず、1 点目の「支払われない」ということについては、「気づかい労働」に対してどのようなコスト計算がされているのかという部分に関しては同様のことが言えるかもしれないが、ユニットでも従来型であっても賃労働であるので、ここでは「支払われる」と括っておく。

2点目の「量的に計算されない」すなわち比較の対象がない、3点目の「競争がない」ということでは、ユニットのケアワーカーと従来型大規模処遇のケアワーカーでは大きな相違がある。ユニットでは孤独な労働でありケアワーカーと利用者の二者関係になりやすい。利用者からの大きなクレームがないかぎり、自分の行ったケアの不手際はせいぜい次の勤務者への申し送り時に同僚に対して晒されるといった状況である。すなわち、「比較されにくい」「競争がない」という状況が生まれやすい。

　しかし、従来型大規模処遇ではどうであろうか。チームで機能分化させて働くということは、常に同僚に評価され、他者と比較されながら仕事をするということである。チーム内には熟練者が配置され、新人や非熟練者の指導をしながらチームとしての業務遂行を監督することになる。その日のチームメンバーによって業務遂行がスムーズであったり、反対に停滞したりといったことが日常的におこっている。すなわち、ユニットにおける労働は、同僚との間における評価・競争が弱く、評価のタイミングが事後的になるのに対して、従来型大規模処遇では常に同時的に同僚集団によって、評価・競争に晒されるという相違がある。このことは従来型大規模処遇に比べ、ユニットの労働はより家事労働的性質を強めていると解釈できよう。

　ユニットに運ばれたみそ汁を温めなおす・盛り付けるといった家事的な労働が誕生している、あるいは増えていることが調査から明らかになった。しかし、ユニットは「家庭らしさ」を演出する場であるといえども、ケアワーカーは賃労働者であるので、そういった労働を「家事労働」とよぶのはふさわしくない。そこで、これらを「疑似的家事労働」とよんだが、ここで見たようにユニットの労働そのものを従来型大規模施設の労働と比べたところ、「賃労働」に対するところの「家事労働」としての性質を強めていたことがわかる。「家事労働は内容では定義できない」という山田の言説に沿ってまとめると、労働内容いかんによらず、ユニットにおける労働そのものがより家事労働に近い特性を持つようになっているといえる。したがって、ユニットの労働そのものを「疑似的家事労働」といいあらわすこともできよう。

　そしてそれは、世の中に二つとして同じ家庭がないように、ユニットが多様な形をとるということでもある。評価・競争に晒されにくいユニットにおいて、管理者のもつケア理念が弱く統制力を十分発揮しない場合には、前節で紹介し

たヒサコさんへの15時間にわたるテレビ鑑賞といったケアを生み出すことになる。利用者はより重度になればなるほど、ケアワーカーに対して統制力を持たないものとして存在する。そうであっても、なおかつ対等な「人」として出会うことを求めているのがユニットケアである。

3 「ながら遂行型労働」とは何か

　本研究では、ユニットで勤務するケアワーカーの労働を観察とインタビューによって考察した。ここで見出された「ながら遂行型労働」について、従来「ながらケア」と呼ばれてきたケアスキルとまず対比させ、その違いを明らかにしておく。

　佐瀬美恵子は富山県にある先進的介護事業所「このゆびとーまれ」でのケアとして重要な「見守り」について次のように述べている。

> 「見守る」という行為は他者からは判断しにくい行為である。見守っている状態は第三者から見て、利用者を放置・放任していると受け止められる場合もあるからである。見守りだけに専念することは希であり、スタッフは見守りながら同時並行的に他の利用者のケアやケアに必要な活動していることが多い。「見守っている」ということが他者に理解されることよりも、並行して行っている活動の方に目がいってしまい批判される可能性もある。見守りケアは、「ながらケア」でもある。スタッフが身に付けるべき重要な技術である。（佐瀬 2005: 154-5）

　ここで示されている「ながらケア」とは、一人あるいは複数の利用者を見守りながら他の介助や活動を行うということであり、それはスタッフが身につけるべき重要な「技術」であると説明されている。こういったことは、食事介助をしながら他の利用者の食事摂取の様子をみるとか、移動介助をしながら他の利用者に声をかけるといった形で、従来型であろうがユニットであろうが日常的に行われているスキルである。本稿で指摘した「ながら遂行型労働」の中でも、同様に「ながらケア」は行われている。端的にいうと「ながらケア」は労働過程における一つの「技術」であるのに対し、「ながら遂行型労働」は労働

編成であるということである。

　第2章・3章でみたように、「ながら遂行型労働」を構成するものは直接的身体介護という「介護労働」と、ユニットで新たに生じた「疑似的家事労働」、さらになじみの関係の中で複数の利用者の自尊心を支えるために濃厚に細やかに行われる「気づかい労働」である。そして、この3つの労働は別々には行われない。その時々のユニット利用者のダイナミクスに応じて、ケアワーカーの身体活動としては「介護労働」と「疑似的家事労働」を遂行しつつ同時並行的に即応的に「気づかい労働」がなされ、さらにユニットの生活の文脈、あるいは利用者個々の感情の文脈に沿ってその都度の労働過程の再構成をケアワーカーが自ら行わざるを得ないということである。こういった労働編成でしかユニットでは業務遂行がなされない。このことを「ながら遂行型労働」と名付けるのである。観察中の事例を紹介しよう。

　アオギリ園のAさんは、13時間の「通し」勤務の日に食の進まないヤエさんを一日中気づかっていた。リビングのテーブルに座ったヤエさんの前に、タマゴボーロをおいて勧めてみたり、「一緒に食べよう」と自ら食べて見せたり、息子さんが持ってきた桜餅を出してみたり、「お願いだから食べて」と懇願してみたり、気分を変えようと散歩に誘ったり、その様子にフミさんが「（ヤエさんは）わがままを言ってるんだから、ほっときなさいよ」と文句を言い始めるのを、なだめたりといったことの繰り返しだった。それは、食事の後片付けをしながら声をかけたり、他の利用者の身体介助をしてはヤエさんの顔を見に行ったりといった労働の進め方であった。ヤエさんの最近の食事量や睡眠・排泄の様子を記録物から把握し看護師や統括部長に連絡をいれるのも、そういった「介護労働」や「疑似的家事労働」の合間であり、Aさんの13時間は他の利用者と関わっては、ヤエさんのところに戻ってくるといった一日だった。13時間の勤務を終え、翌日夜勤で出勤したAさんは一番にヤエさんの顔を見に行き、穏やかな表情に安どしたのである。

　こういった場面で、必要に応じた「介護労働」と「疑似的家事労働」を行いながら、ヤエさんと、ヤエさんにばかり気を取られているAさんを責めるような、あるいは労わるようなフミさんに対して「気づかい労働」をしている。フミさんだけではない。他の利用者もヤエさんとAさんの様子にそれぞれのしかたで陰口を言ったり、心配そうな声をかけたりしている状況である。A

さんは、午後になって看護師や統括部長にヤエさんの食欲不振をバトンタッチすることにした。バトンタッチ後は、他の利用者に明るく声をかけ冗談を言い、それまでの不穏な雰囲気を払しょくするかのようにふるまっていた。ヤエさんの状況とユニットの雰囲気とを考慮し、どの時点で看護師や統括部長に問題を渡すのか、といった判断もＡさんが独自で行う必要があったという出来事である。Ａさんの「通し」勤務はヤエさんのことで塗りつぶされ、そしてその「気づかい」は次の勤務まで持ち越され、一番にヤエさんの表情を見に行くという行動につながった。これが従来型大規模処遇であればどうであろうか。同じく、観察中の事例を紹介しよう。

ネムノキ園のＳさんが早出勤務で出勤した時、トイレの入り口で認知症のＸさんが倒れていた。夜勤者はすべての業務をストップさせＸさんの手当をしたり、まだ出勤していない看護師の自宅に連絡を入れたりしていた。Ｓさんは、夜勤者と交代しＸさんに付き添うことになった。じきに看護師が出勤し医師を呼び、救急車で搬送されるとＳさんは通常業務についた。昼前にＸさんが戻ってきたので様子を見に居室を訪問したが、あとは看護師とその日のリーダーが担当するので、Ｘさんに「良かったねえ」と声を掛け身体をなでただけで終わった。

これは、利用者の急変という事態である。Ｓさんは当日は入浴の搬送係であったため、Ｘさんが帰ってきた時も、業務をいったん休んで顔を見に行った後に通常業務に戻ったのである。Ｘさんの様態や医療的指示事項などは、その日のリーダーが把握しているのでＳさんの役割ではないということである。これは従来型大規模処遇に厳然として存在する「歯止め」である。「私の役割ではない」という「線引き」によって、Ｓさんにとって Ｘさんのトラブルは一つのエピソードとして完結するのである。

このようにユニットでの労働のなされ方は、重層的に「介護労働」と「疑似家事的労働」さらに「気づかい労働」に加えて、事態の変化に応じて自らの労働過程を再編成するといった頭脳労働が「ながら遂行型労働」としてなされているのである。

こういった「ながら遂行型労働」は、第２章・３章でみたように長時間にわたる不規則で代替者を立てにくい労働条件の中で行われている。ケアワーカーがなじみの関係を築いた少人数であるがゆえに、利用者はケアワーカーを巻き

込んで自己主張ができる。「ながら遂行型労働」編成とは、ケアワーカーが利用者に巻き込まれながら労働を立て直していくということを可能にする労働編成であるかもしれない。ヤエさんに向かい合ったAさんのように、巻き込まれ、呑み込まれ、次の勤務まで考え続けるといったことが起こっているのである。

　上野は、ユニットケアを感情労働論で説明することについて批判する中で、「集団ケアでは『感情労働』が不必要であるかのような誤解が生まれる。ユニットケアであろうがなかろうが、感情労働をともなわないケアはない」と述べている（上野 2008: 119）。それは、当然である。人間が行う限り、感情労働を伴わないケアはない。しかし、感情労働の「歯止め」がいわば公認された時代は終わったのである。繰り返すが、従来型大規模処遇においてはチームで行うがゆえに、「自分の役割でないこと」は行わない。仮に利用者からの要請があったとしても、適切なその日の「担当者」に繋ぐことがルールである。また、自分自身の役割であったとしても、それはチームの意思決定に沿った業務内容であり自分は行うよう指示されているだけなので、最終的な責任は自分が負う必要がないことも多い。こういったチーム内での責任の分散が、これまでケアワーカーの労働の「歯止め」の役割を担ってきた。

　ユニットでなされていた「気づかい労働」をともなう「ながら遂行型労働」は、個々のケアワーカー自身が利用者のニーズと状況に応じて、利用者のアイデンティティの揺らぎに呑み込まれながらもその文脈を読み解き、労働内容や労働過程を組み立て、修正し、次の勤務者との交代時間までに成すべきことを済ませるという働き方である。ここでは、ケアワーカーは自らの心と身体の両面をケアの資源として差し出さざるをえない。

　上野はさらに、ユニットのケア労働を「責任労働」と表現したが、責任を伴わない労働はどこにも存在しない。Aさんの行う「ながら遂行型労働」を単に「責任労働」と呼ぶことは、かえってユニットの労働の重層的で複雑な実態を覆い隠すものであると考える。あえて「責任労働」というのであれば、アオギリ園での観察において介護主任のYさんはどのユニットにも所属せず、勤務者に欠員が出た場合には12のユニットのどこであってもすべてに入って勤務するという働き方をしていた。さらに、介護主任や統括部長は、夜間は「携帯電話を持って寝る」生活であった。現場のケアワーカーのように利用者との密着した関係がない中で責任だけが重くなっているのは、こういった管理職と

いう立場にいる人々ではないだろうか。

4　残された課題と展望

4-1　重度の認知症の人とのかかわり

　本論でも触れたように、政策的に重度の要介護者が施設に誘導されている。また、そうでない人たちも年齢を重ねることで当然重度化していく。ユニットの理念である「尊厳を支える」「利用者本位」「個別性」といったことを、重度の人たちに対してどのように保障していくのかということは、今後の大きな課題である。ユニットケア現場の管理者研修・リーダー研修・全国セミナーにおいても重度化に伴うユニットケアの有効性や運営について、参加者からの悩みが提起されている（秋葉 2004: 38-45,「第9回ユニットケア全国セミナー」実行委員会 2007: 45-51）。このことについて、今回の調査を通して浮かび上がった課題がある。それは、重度の人の思いをどう感じとるのかということについてである。

　利用者の重度化にともなって自己主張能力が低下した場合、利用者本位といったことはどのような形で実現可能になるのだろうか。このことについて、本論では考察を加えることができなかったが調査の一環として、重度の認知症の人が入所する認知症対応型共同生活介護事業所（通称：認知症グループホーム）で、日本において指導的立場にあるハルニレ園のケアワーカーT氏、U氏へのインタビューを行っている。トチノキ園の調査後、重度の認知症の人への関わりにおいて感情労働は不在になるのか、といった論点が抽出されたためである。

　ハルニレ園は1996（平成8年）4月に全国の先駆けとして開所したグループホームであり、定員は9人であるが、調査時点で自立歩行できるのは1人のみ、食事介助も8人に対して必要になっている。このような中でどんなに重度になっても、利用者とのコミュニケーションは可能だと二人は語った。

　　「（最後までそういうの）ある。それに気づくか気づこうとしないか。気づ
　　こうとすればすごい小さなことでも気づけると思う。」
　　「なんでこの人、こんなに力入れるんだろうって思っていた時期があったん

ですよ。やっていくうちにだんだんわかった。ああこっちが力を入れるから、何をされるかわからないから怖いんだって。」

　利用者の感情に気づくことができるかどうかは、こちらの姿勢次第だと語っている。そして、それは仕事を始めてから気づくことができたことだという。具体的なきっかけは何だったのであろうか。そういった問いに対しては、二つのことが語られた。ひとつは、「たった一人の誰か」にであうこと、もうひとつは「直接身体に触れることによるコミュニケーション」だという。まず、ひとつめの「たった一人の誰か」に出会うことについてのT氏の語りをみてみよう。

　　「ハルニレに来る前、介護が嫌になって辞めようと思ったんです。辞めるって園長に言ったら『じゃあ気分変えてみよう』って、ハルニレに異動…。そこで出会ったんですよ、●●●子さん。もう立てないし、歩けないし…言葉も一言二言みたいな……。でも、意識がなくなっても娘さんの声を聞いたら表情が変わる。病院に入ってからもハルニレで最期を迎えたいって家族が希望して、ハルニレに帰って最期を迎えた。お通夜も出したし、骨まで拾わせてもらったんよ。思いだしたら涙が出る。忘れられない人。こっちががっつり向き合っていかないと相手が返してくれないということもわかった。教えてもらった。自分らの仕事は表面上の付き合いもできるけど、それでは絶対味わえないことって教えてもらった。」

　老人保健施設での介護が嫌になり、辞職したいと思っていたが、ハルニレに来て●●さんと出会い、「がっつり向き合って」いけば、「相手が返してくれる」体験ができたと語られている。それは、「思い出しでも涙が出る」「忘れられない」体験である。「がっつり向かい合う」ことは表面上ではない付き合いをすることである。●●さんとは、全介助でありながらも、娘さん一家とともに一泊で温泉に行くという貴重な体験を共有した。そういった個別の要望に対応する関わりを通して、最期をハルニレで看取り、骨まで拾わせてもらえる関係性が生まれたと語られた。そして、その「たった一人の誰か」との出会いがきっかけになって、「がっつり向き合って」いけば相手が返してくれるという

確信を生み、次に出会う利用者との関わりに影響していくというものであった。
　次に二つめの「直接身体に触れることによるコミュニケーション」については、まずＵ氏の語りを紹介する。

　　「私はトランス（トランスファー：移乗介助）の勉強を一緒にさせてもらいだして、触れられる感じっていうか。トランスの練習台をするときにおばあちゃんの役割をするのだけど、その時に同じことをされていても人によって本当に全然違うんです。優しい人は本当にやさしく包まれているっていうか。おばあちゃんたちはこんな風に感じているって。せっかちな人や焦る人は練習でやっていてもすごいせっかちで力が変に入って。こっちも変に力が入ってしまう。ああおばあちゃんたちはこんな感じでされているんだろうな、だから力がはいるんだろうなって。練習をしだして、年寄りに対する触れ方というか触り方はすごい変わりましたね。」

　その言葉を受けて、Ｔ氏は次のように語った。

　　「トランスもコミュニケーションで……。トランスとバリデーション[5]、目指しているものは一緒だなあって。急いでトランスしても絶対だめで、この人は大切な人なんだよって思って（トランス）したらそれが伝わって、少々下手でも怒られなかったり……。」

　移乗（ベッドから車いすへ、車いすからトイレ座面へ、といったように座面を代えて乗り移りをする行為）を介助するという身体接触がコミュニケーションになりうるということを二人は強調している。身体介助としての移乗介助が、コミュニケーションを通しての認知症の人へのアプローチ技術と一緒だということはどういうことであろうか。

　　「なんでしょうね。バリデーションもその人と向かい合っていこうみたいなところじゃないですか。その人の心の奥底とか行動の裏にあるものを見ていくみたいな。で、トランスが目指すのは車いす座ろうよ、トイレ座ろうよ、じゃなくて、それがきっかけで、その人の入り口みたいな。その人のことを知って

その人の想いとか願いとかが見えてくる。(言葉を)交わさなくても。」

　身体介助としての接触を通してその人の思いや願いが見えるようになると語られている。
　こういったT氏、U氏からの聞き取りにより、「感情労働」といった概念では捉えきれない「身体接触による感受、あるいは交流」といった新たに立ちあがっている現象について検討する必要性が示された。彼らは、移乗介助といった身体介助がコミュニケーションになることを強調し、身体接触を通してその人の思いや願いが見えるようになると語ったのである。
　このことは、現象学的アプローチで遷延性意識障害の患者と看護師の関わりを観察した西村ユミの報告でも語られていることである。すなわち、メルロ・ポンティのいう「間身体性」を「触れること」と「触れられること」が区別できないような場における経験、「個別的な各自性の壁を乗り越えて他者にまで広がっている経験」と解説し、「植物状態患者との関わりの中」で感じとられている通じ合う感覚は、患者の〈身体〉がこちらに向かってくるという運動志向性であり、この患者の志向性が看護師の相手に関わろうとする志向性を喚起し、これに促されて看護師は患者の「ケア」に向かおうとするのであると語られたものである（西村 2001: 149-95）。
　また、西村はサマレルの報告を引用し、看護師が意識のない者というレッテルを貼って患者を見てしまうと、意識がないのだから声かけや視線を合わせる必要がないと考えて、それが彼女たちの前意識的な層を厚く覆い隠してしまい、〈身体〉の原初的地層における共感覚を感じとれなくしてしまっているとも指摘している（西村 2001: 163）。
　T氏やU氏が、出会えるという確信を持って移乗介助という「間身体性」の接触を繰り返すことによって、より利用者に向かう志向性を強化しているということであろうか。であれば、前述したトチノキ園のケアワーカーは、認知症が深くコミュニケーションができない人というレッテルを利用者に貼ってしまい、〈身体〉の原初的地層における共感覚を感じ取れなくしてしまっていると言うことができる。
　先進的な認知症ケアの現場で立ち上がっているこの状況については、詳細を検討する必要がある。

4-2　ながら遂行型労働を支えるもの

　ユニットにおけるケアワーカーの労働は、精神的にも肉体的にもハードな労働である。それを支える方策として、手厚い人員配置や、適切な報酬といったことは当然のことである。孤独な労働を解消すること、相談・連携体制の構築、介護技術や様々な自己研鑽活動といったこともそうである。

　しかし、今回の調査を終えて付け加えるとすれば、ひとつは、認知症の人とどのように出会うかといったことに配慮をしたい。現在、地域包括ケアが目指され、介護保険制度の中で地域密着型サービスとして、小規模多機能型居宅介護サービス事業所が創設されている。これは、利用者本位という視点で、環境を変えることによる弊害を防ぐという目的から「住み慣れた地域で最後まで」という謳い文句とともに開設が始まった。通所系サービス利用者として出会った利用者が、認知症が深まった時、同じ事業所で訪問や入所サービスも受けることができるといった形のサービスである。

　下村らが言うように、認知症を得、それが徐々に深まっていくことで苦悩しているといった現在進行形の利用者の姿を知ることは、その後のケアワーカーの利用者に向き合う姿勢に影響を及ぼす（下村ほか 2005）。激しい BPSD をともなって入所してくる初対面の利用者の居室には鍵をかけたくなるかもしれないが、長い付き合いの中で悲しみや優しさを見てきた相手であれば、鍵をかけることを第一に選択しなくて済むのではないだろうか。実感をともなって利用者のその人らしさや願いを知ることは、ケアワーカーの感情労働を容易にする可能性もある。継続的に、健康な時から関わることがその方策になる。そういう意味では、地域包括ケアシステムの構築について期待をもって今後を見ていきたい。

　次に、管理者によるサポートについて提案をしたい。本章第 2 節でみたように、ユニットでは、評価・競争にさらされにくい。鈴木のいう「三極統制機構」にあてはめて考えると、利用者の自己主張能力が高い時は、利用者からの感謝の言葉や良い方向への状態変化がケアワーカーの「気づかい労働」の報酬になる。しかし、利用者の自己主張能力が低下した場合には、ケアワーカーは適切な「その人を支える」ケアができているのかどうかといったことを、何を基準に考えればよいのか迷うことになる。どこからも統制がかからなければ、

儀礼的なケアに落ちてしまう危険性も大きい。日常的に利用者の代弁者が存在すること、同僚の立場で競争相手が存在することがそれに対する方策ではないだろうか。具体的には家族会や利用者自治会を組織することや、ユニット間、あるいは施設間での事例検討会を開催することである。

今回の調査を通して、トチノキ園のケアについては〈作法としての寄り添い〉といった表現で苦言を呈した。しかし、ケアワーカーの労働実態をみるとトチノキ園は、アオギリ園やシラカシ園に較べ勤務表においても不規則勤務と休みのバランスがとれており、ケアワーカーから労働に関する苦情を聞くことも少なかったという事実もある。ユニットにおいて利用者が主体として生活することと、ケアワーカーが私的生活も大切にしながら仕事をし続けることができること、この二つの要素がゼロサムゲームのように打ち消し合っているのが現在のユニットの実情であるように感じる。願わくば、トチノキ園のような厳しい中にも安定した労働条件の中で、利用者主体のケアが展開できないものかと考える。そのために必要なのは、当面は人的配置を手厚くすることでしかないようにも思う。と同時に、ケアワーカーが安心して利用者に向かい合えるよう、現場でのケアワーカーの思いと対立しない形でのケアのスーパーバイズを実践することも重要である。日々の労働に呑み込まれたケアワーカーたちは、自分たちの労働がいかに利用者やその家族に影響を与え、彼らを支えているかといったことに自らは、気づきにくくなっているからである。

自分自身が受けたいケアとしての尊厳ある「個別ケア」は、今後とも目指すべき方向である。いかに、ケアワーカーを含め、関わる人すべてが豊かさを実感できるようにそれを進めていくか、それが今後の課題である。

［注］
1）食事の経口摂取ができなくなった場合に、様々な方法で消化管へ直接栄養物を注入する方法を「経管栄養」という。鼻腔から咽頭・食道を経て胃までチューブを入れた上で行う方法が一般的である。
　　チューブからの栄養物の注入は、医行為であるとしてケアワーカーには禁止されていた。（2011年に法改正により、介護福祉士の業務として追加された）しかしそれ以前からも現実的には、3食すべてとその間の水分補給の注入を、看護職員のみで行っている施設と、介護職員が一部行っている施設とが存在していた。看護職員の勤務時間や配置の状況が影響していると考えられるが、トチノキ園・アオギリ園ともに観察したユニットでは、ケア

ワーカーが行っていた。
2）ケアコードのうち「問題行動」についてここでは触れていないが、夜勤帯の調査においては静かに利用者が睡眠をとっているアオギリ園に比べ、トチノキ園では繰り返される放尿にたびたび清拭や更衣、掃除やシーツ交換、洗濯といったケアが提供されるという状況であった。
3）腹壁から外科的に直接胃にチューブを留置し、チューブを介して半消化状態の栄養物を注入する方法。経管栄養の一種である。
4）チャンブリスは感情労働に言及しているわけではない。道徳性の「フレーム」がシフトしたという表現を用いている。
5）アメリカのソーシャルワーカー、ナオミ・フェイルによって開発された認知症の人へのアプローチ方法。認知症の人が持っている現在のニーズの原因は、その人の過去に求めることができるという原則のもと、その人の経験を否定しないで、それがその本人にとっての現実（真実）であることを受け入れ認めるといった共感的コミュニケーションを重要視する。

補　遺

ユニットケアの質を高めるために
―― 先進施設の実践から

　本論では、ユニットにおける「ながら遂行型労働」を構成する労働内容として、「疑似的家事労働」領域が誕生していることを指摘した。その後、全国の特別養護老人ホームで初めてのユニット内調理方式を採用した新型特養の存在を知った。疑似的家事労働が他職種によって担われた場合、ケアワーカーの労働はどう変化するのかということについて明らかにしたい、また、認知症が深まった重度の人とケアワーカーがどう出会っているのかについて知りたいと願い、調査を行った。

　結論を先取りすると、疑似的家事労働をケアワーカーが担うのではなく、調理の領域は調理員によって担われる形の分業化が行われたとして、その結果、ケアワーカーの労働が軽減される方向には向かわず、ケアワーカーは調理に費やす時間を使ってより利用者と濃密な関係をつくり、利用者の「個別性の実現」のために時間とエネルギーを費やしていた。また、調理員もケアワーカーの職務を分担する方向には向かわず、利用者個々人の状況に応じた食事の提供、より手の込んだメニューという形で、それぞれが各々の専門領域において発揮すべきと考える労働を行っていた。したがって、ユニットにおけるケアワーカーの労働として加わった、疑似的家事労働領域を他職種と分業することは、ケアの質を高めてはいたものの、ケアワーカーの労働量軽減には必ずしも繋がっていないことが明らかになった。

　しかし、利用者本位のケアを実現するためにケアワーカー個々人がとり行う利用者との相互作用における感情労働のみでなく、施設長やリーダー層のケアワーカーによって、一人ひとりのケアワーカーがケア理念を具現化するための支持的な感情労働も細やかになされていた。それは、法人外部とつながり、常

に施設内部に風を通しながら、現場ケアワーカーとはフラットな関係をつくり、現場で利用者に向かい合いながら共に考えるという形のサポートであった。こういったケアワーカーをケアする体制や、物理的環境としての開放的な建物といった事柄が作り出すケアワーカー、利用者、管理者の関係性は、利用者の重度化が進んだとしても、ユニットケアの質を担保していく上で重要な要素であることが確認できた。

1　調査の対象と方法

　調査対象は、特別養護老人ホーム　クロマツ園である。昭和後期から社会福祉法人クロマツ会によって、特別養護老人ホーム、デイサービス、ケアハウス、訪問介護事業等を展開しながら、介護保険制度開始後は、従来型特別養護老人ホームやデイサービスでユニットケアの導入をするなどの先進的取り組みを行ってきた。その後、2005（平成17）年に新型特養であるクロマツ園を開園し、モデル事業としての小規模多機能事業所[1]の開設、グループホームの開設、従来型特別養護老人ホームでの逆デイサービス[2]導入など、現在も先進的取り組みを積極的に行っている。法人の理念として、利用者を取り巻く人々、地域、自然との関係性を大切にするケアを目指すことが掲げられ、地域の重要性が強調されている。

　クロマツ園は、入所50床、ショートステイ10床を有し、その建物は傾斜地に建てられているため、2階のユニットでは利用者の居室から直接庭や畑に出ることができる。防犯としての施錠以上の鍵かけはしておらず、風の通る開放的な建物になっている。3階建の建物の1階が事務部門、会議室、喫茶、厨房などであり、2階に共用ホールと4つのユニット、3階に2つのユニットが配置されている。2つのユニットを一つのケア単位とし、「グループ」と呼んでいるが、グループごとに調理員が配置されている。2012年時点での利用者の平均要介護度は4.3である。

　調理を担当するのは、管理栄養士1名と調理員8名（うちパート職員1名）である。各グループに配置が固定され、早出と遅出の勤務をすることで利用者の3食をユニット内で調理し、食事介助にも参加している。他には、非常勤医師1名、生活相談員1名、介護職員34名、看護職員4名、機能訓練指導員1

名、介護支援専門員1名の職員構成である。

調査は、2012年8月の5日間を使って、施設内でも最重度の利用者が暮らすユニットにおいて観察を行った。それは、ケアワーカーおよび調理員の労働に関するタイムスタディ調査（6時～20時）と聞き取りであり、本論で採用した国民生活調査の方法に則ってデータを整理した。

以下、重度の利用者が生活するといった点では共通するトチノキ園のデータと比較しながら、まず、調理員によって疑似的家事労働領域が分担された場合のケアワーカーの労働のしかたについて、次に重度の利用者の尊厳をどう支えるのかといった視点からの結果と考察を述べていく。

2 「個別性」の実現へと深まる志向性

クロマツ園における調理員の仕事は、朝6時から始まる。調理員が施設全体で3人（すなわち各グループに1人ずつ）早出をする日は、ユニットに出勤し朝食を作り始めるが、2人の場合は1階の厨房で副食を作り、鍋に汁を入れ副食を器に盛り付けた状態でユニットに移動する。ユニットの炊飯器で飯と粥が炊きあがっているため、ユニットでは盛り付けを行う。昼食は各ユニットでつくる。下ごしらえを厨房で済ませた食材について焼く、煮る、味付けをする……といった作業がユニットで行われる。しかし、利用者の重度化に伴い、作業は煩雑になっている。最重度の利用者が暮らすユニットで勤務する調理員の語りをみてみよう。

> 「利用者が食べてくれないのが、一番つらい。このユニットに来て、そのことにショックを受けたし、食事を作る気力が低下する。残食が多いときは、味付けや形を介護の人（ケアワーカー）と話しながら、いろいろ試みているけど。」「調理は早くできても、そこから手をかける（潰して型に入れたり、刻むなど）ので、いつもぎりぎりになってしまう。」「家のことができればいいって言われて就職したけど、とんでもない……。」

ユニットでつくるのは、20人の利用者に提供する3～4種類の形態の食事である。炊飯器で炊きあがった粥を、さらにハンドミキサーで潰したり、焼き

表5-1 主な行為率（%）の比較

	トチノキ園	クロマツ園
排泄介助	43.8	60.7
排泄時の移乗等介助	29.7	50.0
食事介助	71.9	44.6
移動介助	40.6	57.1
移乗介助	23.4	50.0
その他の日常生活（起床・就寝・集う・テレビを見る・読書をする・たばこを吸うなど）の介助	28.1	53.6
コミュニケーション	90.6	94.6
記録・調整（職員に関することを除く）	32.8	41.1
食事に関する家事	46.9	25.0
休憩・同僚とのお喋り	9.4	8.9
自身の食事	1.6	7.1

あがった魚の骨をとってミキサーにかけたりといった調理後の手間が多い。ミキサーで潰した食材をムース状にしたうえで型に入れて成形し、渦巻きや魚の形にしあげ、彩りよくワンプレートに盛り付ける。少しでも食べてもらいたいとの調理員の願いである。こういった嚥下障害に配慮した食事は、厨房で複数人数分つくるのが効率的であるのに、ユニットで一人分ずつを仕上げている。その時々の食欲や嚥下状態を見ながら、粥の緩さなどを調整しているのである。そういった調理員の仕事は、「家のこと」どころではない大変さがある。どういう食材、どういう調理法が安全に食べられるのか、嚥下の仕組みなどについても勉強会を開いているとのことであった。

では、そういった形で調理員によって疑似的家事労働を分業しているケアワーカーの労働内容はどうであろうか。表5-1にクロマツ園とトチノキ園におけるケアワーカーの労働の行為率を示した。取り上げたのは、大きく差があった項目と、ユニットケアに特徴的な膨大なコミュニケーション、疑似的家事労働、ケアワーカーのセルフケアについてである。

まず、コミュニケーションについて見てみると、クロマツ園においても膨大な量を行っていることがわかる。次に、調理員によって分業された「食事に関する家事」であるが、ケアワーカーの労働内容としては炊飯器から飯をよそう、お膳を並べる、食事が遅くなった人の食器を洗う、水分補給のコップ類を洗って収納するといった部分の作業が観察された。

クロマツ園で印象的であったことは、離床と就床とが頻繁に繰り返される

ことであった。それは、表5-1の「移動介助」「移乗介助」「その他の日常生活の介助」に表れている。クロマツ園で暮らす、自力では寝返りができず座位保持ができないといったDさん、Eさんと、同程度の身体状況でトチノキ園で暮らすFさんとGさんの1日を紹介する。Dさんは朝食のためにリクライニング車いすで離床した後、食後に口腔ケアをし8時半にはまたベッドに戻った。9時半に離床し、お茶を飲んで10時半に就床、12時に昼食のために離床し、食後に就床、15時半にはおやつのために離床し、16時過ぎに就床、17時半に夕食のために離床し、19時前に就床した。同じくEさんは、朝食後8時過ぎには就床し、午前中のお茶の時間はDさんと同じように9時半から10時半まで離床、昼食については、午後に入浴が予定されていたため11時半に離床し、12時過ぎにはベッドに戻った。午後のおやつはDさんと同じ時間に離床したが、入浴による疲労があったため夕食は居室で取った。クロマツ園で暮らすDさん、Eさんは基本的に1日5回を原則として離床する生活であった。

　同じようにトチノキ園で暮らすFさんは5時半にリクライニング車いすに移乗したのち、朝食をはさんで9時過ぎまで車いすで過ごし、その後就床、昼食は11時過ぎから12時半まで離床した。その後は夕食時の16時過ぎから18時までの離床であった。同じくGさんは、朝は6時半から7時過ぎまで、昼は11時半から13時前まで、夕食時は16時半から18時までの離床であった。すなわちトチノキ園での車いすへの移乗による離床は原則として3回の食事時に限られていたのである。

　どれくらいの時間を就床して過ごし、どれくらいの時間を車いすで離床するかということは、個人によって相応しい時間の差はあるのが当然である。しかし、認知症や身体障害が重度化してきた利用者にとって、ケアワーカーがどれだけの手間をその人にかけることができるのかによって、その人の生活の質が大きく左右されるのも事実である。クロマツ園の朝食後の排泄介助において、座位がとれないEさんをトイレに座らせ、上体を前屈させた形で支えられるよう机をトイレに運び込むといった介助がなされていた。これは、排便のために腹圧をかけやすい、重力を利用して便が体外へ排泄されやすくなる、といった快適な排泄を促すケア技術である。Eさんの使用するトイレの前には姿勢保持用の机が用意されていたのである。

　こういった形で、クロマツ園の10人の利用者は一人ひとりの個別性に応じ

て離床のタイミングが考えられ、心地よい排泄の援助が検討されていた。重度化したユニットにおいて、生活の楽しみといった支援ができないという悩みも語られたが、日常生活の活動と休息のリズムが適切に整えられ、快適な排泄が保障されるといった生命レベルでの質の高い支援がなされていると言えるのではないだろうか。言いかえれば、ケアワーカーとの関係性の中で、「利用者一人ひとりの尊厳の実現」という部分が、日々の介護行為として実現されているということである。

　クロマツ園での調査を通して、例え調理員によって疑似的家事労働が分業されたとしても、調理員は調理員として、ケアワーカーはケアワーカーとして、各々に求められる専門性に従って納得できる業務遂行水準を求めるため、ケアワーカーの労働軽減には繋がっていないということが明らかになった。では、こういった個々のケアワーカーや調理員が持つ、利用者の「個別性」の実現への志向性はどういったしかけで支えられているのであろうか。管理者のかかわりについて、次に考察する。

3　ユニットケアの質を高めるもの──管理者のかかわり

　トチノキ園での管理者によるケアワーカーの統制については終章で触れたとおりである。クロマツ園では、ショートステイ利用の落ち着かない認知症の人に添い寝をする、ベッド周辺の転落防止策をケアワーカーと共に考える、利用者の急変に駆けつけるといった形でユニット間を飛び回る施設長の姿があった。また、法人全体としても認知症委員会、トランスファー委員会、大学と連携しての各種先進事業などに取り組み、法人総施設長自ら、若い職員を連れて全国の研修会へ参加し、外部との交流を継続させながら、有意義と考えられる研修を自施設で展開していくという活動を続けている。

　勤務して3年目で今年介護福祉士国家試験を受験するというケアワーカーのNさんは、自立度の高いユニットから現在の重度の人が暮らすユニットに来て、半年が経ったところである。自分のケアが正しいのかどうかいつも不安であるといい、介護技術は「見て習った」と話す。終末期に入った利用者のケアに悩み、先輩ケアワーカーがどう対応しているのか注意深く見るようにしている。ユニットにおいては、ひとり勤務が多いため、介護技術の伝承ができに

くい。そういった中で、施設長が一緒にケアを考えようとユニットに来ているのである。スミスは、看護師は病棟婦長が感情面を理解しサポートしてくれていると感じていると、感情労働がしやすくなることを指摘している（Smith 1992=2000）。

　新しい認知症ケア理念を、日々の生活支援行為の中で具現化させて行くのは、他でもない個々のケアワーカーである。技術の伝承ができにくいユニットにおいて、新人ケアワーカーであるNさんに、施設管理者として何を見せて行くのか、「見て習う」とNさんが言う時、「何を見ているのか」という部分を大切に考える必要があるだろう。同僚であるケアワーカーたちが、利用者との個別の関係の中で高齢者主体の関係を持つことができていれば、「見て習う」新人もそのように学習していく。クロマツ園ではそういったOJT（on-the-job training）を通して、ケアワーカーによる利用者一人ひとりの「個別性」の実現が図られていたと考えられる。

　現在、介護保険制度によってユニットケアは施設設備、人員配置という面では規定されている。しかし、その中でどのように個別のケアワーカーが利用者と関係をとり結んで行くのかという点については、個々の施設で努力するしかない。施設が掲げたケア理念を研修として伝えていても、その実現に関して個々のケアワーカーの良心に任せてしまうのか、管理者がケアワーカーをケアする中で、一緒に考え実現させていくのかといった大きな差異が、トチノキ園とクロマツ園の間にはあったような気がする。自己主張能力の低下した重度の利用者であれば一層、こういった施設管理者の理念の実現化能力が重要になってくると考えられる。

［注］
1）小規模多機能事業所とは、平成18年4月に創設された地域密着サービスのひとつである。日中の通所介護や日中及び緊急・夜間時の訪問介護、短期宿泊、長期居住といった複数の介護サービスを一体的かつ継続的に提供する小規模施設。24時間365日対応で、高齢者が住み慣れた地域を離れずに介護が受けられるよう支援することが主目的である。
2）「逆デイサービス」とは、自宅から日帰りに通うデイサービスに対し、施設で暮らす高齢者が、近くの民家に出かけて日中の時間を過ごすことを言う。家庭的な雰囲気の中で、高齢者は生き生きと個性を発揮するようになり、施設では分からなった一面や能力に気づくこともあるとして、全国で試みられている。

あとがき

　本書は 2011 年に松山大学社会学研究科に提出した学位論文に加筆したものである。

　2006 年にテーマを絞り、試行錯誤しながらアンケートや聞き取り・フィールドワークといったことを始めた。仕事の合間や休みを使っての調査であったが、あれから早や 9 年の歳月が流れた。学生として聞き取りに応じてくれた人たちも、中堅のケアワーカーになった。フィールドワークで出会った利用者さんの中には、すでに他界された方も多くおられる。本当に感謝している。みなさんの人生の最終章を私たちは大切にできたでしょうか。

　私は、介護福祉士養成教員として学生に対し「利用者本位であれ」という理念の刷り込みをしてきた。そのことが、卒業生たちを苦しめてはいないだろうか。特に、ユニットやグループホームといった利用者との関係が密な職場において、理念と現実のはざまで苦しんではいないだろうか。そんな切実な思いから取り組んだテーマであった。

　松山大学の春日キスヨ先生のもとで「感情労働」概念に出会った時、自分の看護師としての現場体験に言葉を与えられた気がした。言葉を持つことは、自分を客観視できる力になると実感した。であれば、私がこの研究に取り組むことで現場で苦闘しているケアワーカーたちの労働に言葉を与え、力を添えることができるかもしれない。そんな大それた希望を持って、調査をしては先生とともに読み解く日々を重ねることができた。本論文で示した概念の熟成過程には、厳島の鳥居を見渡す先生のお宅での多くの対話がある。週末に高速道路を西に向かって車を走らせる時はたいてい憂うつで、何をやってきたのだろうという自己嫌悪と、調査の成果が何もなかったかのような落ち込みを抱えていた。授業の初めは常に私の愚痴と弱音から始まったが、先生は根気よく付き合ってくださった。先生との対話によって初めて調査データのカオスの中から、「面白いもの」を見つけることができた。先生のその力は未だに神業にしか思えない。行きとは打って変わ

って、帰りは車の中で鼻歌を歌いながら帰ったものである。

　本論文の副査をしてくださった小林甫先生は鋭い観察眼の持ち主で、私が研究科入学当初論文を書くつもりがなかったことを見抜かれていた。時に厳しく、しかし私自身が本気で論文に取り組み始めてからは常にサポーティブにご指導くださった。同じく牧園清子先生も、先生ご自身がご多忙中、社会人院生である私を気遣いながら言葉を選んで優しく、しかし本質を突いてアドバイスをくださった。5年間も広い気持ちで私に向き合ってくださった先生方には本当に言葉に尽くせない感謝の思いをいだいている。

　また、学外副査としてご指導いただいた立命館大学大学院先端総合学術研究科准教授の天田城介先生（現・中央大学文学部教授）にも深く感謝している。遠路はるばる松山まで足を運んでいただいた上、稚拙な論文に暖かい激励とともに丁寧で詳細なコメントをいただいた。

　しかし、何より感謝しなければならないのはケア現場へ私を招き入れてくださった卒業生のみなさんや、ケアワーカーのみなさん、その職場の方々、利用者のみなさんである。深く感謝している。みなさんの思いを受け止めた論文になったか、みなさんへお返しするものをどれだけ示すことができたか。まだまだ私は未熟であり、本書も未完成だという思いが拭えない。そのことが、出版をためらわせ、遅らせた大きな要因でもある。未熟な研究成果をあえて公開し、ご指導をいただく勇気を持ちえなかった私である。今後は、少しずつであっても研究を深めながら、現場を支えている人々の力になれるよう努力したい。

2015年秋

岡　京子

文　献

阿部真大　2007『働きすぎる若者たち　「自分探し」の果てに』日本放送出版協会．
秋葉都子　2004「2003（平成15）年度ユニットケア研修から見えたこと」高齢者痴呆介護研究・研修東京センター編『新しい介護を創るユニットケア　ユニットケアシンポジウム報告』中央法規，38-45．
天田城介　1999「『痴呆性老人』におけるあるいは『痴呆性老人』をめぐる相互作用の諸相」『社会福祉学』40(1), 209-232．
──── 2007『〈老い衰えゆくこと〉の社会学［普及版］』多賀出版．
──── 2008「老い衰えゆくことをめぐる人びとの実践とその歴史──私たちが自らを守らんがために現れてしまう皮肉かつ危うい事態について」上野千鶴子他編『ケア　その思想と実践2　ケアすること』岩波書店．
有吉佐和子　1972『恍惚の人』新潮社．
朝田隆　1991「痴呆老人の在宅介護破綻に関する検討：問題行動と介護者の負担を中心に」『精神神経学雑誌』93(6),403-575．
Berghmans, R.L.P. and ter Meulen, R.H.J. 1995 Ethical issues in research with dementia patients. *International Journal of Geriatric Psychiatry*. 10: 647-51.
Benner, Patricia and Judith Wrubel, 1989 *The Primacy of Caring: Stress and Coping in Health and Illness*, Addison-Wesley Publishing Company.（=1999　難波卓志訳『ベナー／ルーベル　現象学的人間論と看護』医学書院．）
Blumer, H. 1969 *Symbolic Interactionism: Perspective and Method*, Prentice-Hall.（=1991　後藤将之訳『シンボリック相互作用論──パースペクティブと方法』勁草書房．）
Boden (Bryden), C. 1998 *Who Will I Be When I Die ?*, Harper Collins Publishers, =2003 桧垣陽子訳『私は誰になっていくの？　アルツハイマー病者からみた世界』クリエイツかもがわ.
──── 2005 *Dancing With Dementia: My Story of Living Positively with Dementia*, Jessica Kingsley Pub.（=2004　馬籠久美子・桧垣陽子訳『私は私になっていく──痴呆とダンスを』クリエイツかもがわ．）
呆け老人をかかえる家族の会編　2004『痴呆の人の思い、家族の思い』中央法規出版．
Buber, M. 1937 *I and Thou (trans. By R. Gregor Smith)*, Clark.（= 口義弘訳　1978『我と汝；対話』みすず書房．）
Burke, T. A., McKee, J. R., Wilson, H.C., Donahue, R. M. J., Batenhorst, A. S., & Pathak, D.S. 2000 *A comparison of time-and-motion and self-reporting methods of work measurement*, Journal of Nursing Administration, 30(3),118-125.
Bytheway, B. 1995 *Ageism (Rethinking Ageing Series)*, Open University Press.
Cambliss, D. F. 1996 *Beyond Caring: Hospitals, Nurses, and the Social Organization of Ethics*, The University of Chicago Press,（=2002　浅野祐子訳『ケアの向こう側──看護職が直面する道徳的・倫理的矛盾』日本看護協会出版会．）

第9回ユニットケア全国セミナー実行委員会編　2007『第9回ユニットケア全国セミナー──最新のユニットケアがわかる7』筒井書房．
出口泰靖　1999「『呆けゆく』人々の『呆けゆくこと』体験における意味世界への接近──相互行為的な『バイオグラフィカル・ワーク』を手がかりに」『社会福祉学』39(2), 209ミ225．
────　2000「『呆けゆく』人のかたわら（床）に臨む──『痴呆性老人』ケアのフィールドワーク」好井裕明・桜井厚編『フィールドワークの経験』せりか書房．
────　2001「第6章　『呆けゆく』体験の臨床社会学」野口裕二・大村英昭編『臨床社会学の実践』有斐閣．
────　2004「『呆けゆく』体験をめぐって」山田富秋編『老いと障害の質的社会学』世界思想社．
────　2008「ウソつきは認知症ケアのはじまり、なのか？」上野千鶴子他編『ケア　その思想と実践2　ケアすること』岩波書店．
Diamond, T. 1992 *Making Gray Gold: Narratives of Nursing Home Care*, Illinois: The University of Chicago Press.（=2004　工藤政司訳『老人ホームの錬金術』法政大学出版．）
江原由美子・長谷川公一・山田昌弘・天木志保美・安川一・伊藤るり　1989『ジェンダーの社会学　女たち／男たちの世界』新曜社．
江原由美子・山田昌弘　2003『ジェンダーの社会学』放送大学教育振興会．
Feil, N. 1993 *The Validation Breakthrough: Simple Techniques for Communicating with People with "Alzheimer's-Type Dementia"* Baltimore: Health Professions Press.（=2001　藤沢嘉勝監訳『バリデーション──痴呆症の人との超コミュニケーション法』筒井書房．）
藤田猛　2006「ユニットケアの現状とあり方を再考する」『介護人材Q&A』3(19), 36-39．
藤原芳朗　2010　「人間の尊厳をどのように教えるか──生命倫理を例にとって」『第17回日本介護福祉教育学会発表要旨集　介護福祉士の専門性の創造──新カリキュラムの現状と可能性を探る』46-47．
深田耕一郎　2009　「介護というコミュニケーション──関係の非対称性をめぐって」『福祉社会学研究』6, 82-102．
福祉小六法編集委員会　『福祉小六法　2010版』みらい．
船津衛編　2006『感情社会学の展開』北樹出版．
Goffman, Erving,　1961 *Asylums: Essays on the Social Situation of Mental Patients and Other* House, Inc.（=1985　石黒毅訳『アサイラム──施設収容者の日常世界』誠信書房．）
Gubrium, J. F. 1993 *Speaking of Life: Horizons of Meaning for Nursing Home Residents*, Aldine De Gruyter.
原田勉　1997『いい風吹いて──痴呆老人　出雲からの報告』今井書店．
長谷川和夫　2006「はじめに」認知症介護研究・研修東京センター監修『認知症介護実践研修テキストシリーズ1　第2版　新しい認知症介護──実践者編』中央法規出版．
長谷川和夫編著　2008『介護福祉士養成テキスト15　認知症の理解』建帛社．
林崎光弘・末安民生・永田久美子編著　1996『痴呆性老人グループホームケアの理念と技術──その人らしく最期まで』バオバブ社．
Henderson, J.N. Vesperi, M.D. edited 1995 *The Culture of Long Term Care: Nursing Home*

Ethnography, Bergin & Garvey.
東日本監査法人編　2002『新型特別養護老人ホーム──個室化・ユニットケアへの転換』中央法規出版.
Himmelweit, Susan, 1999 "Caring labor," *Annals of the American Academy of Political and Social Science*, 561(1) : 27-38.
広井良典　1997『ケアを問いなおす──〈深層の時間〉と高齢化社会』ちくま新書.
久田則夫　2007「福祉新時代を担う伸びる職員の育成（5）ユニットケアが崩壊寸前になっている」『介護人材Q&A』4(28), 90-93.
Hochshild, Arlie R. 1983 *The Managed Heart : Commercialization of Human Feeling*, University of California Press（=2000　石川准訳『管理される心──感情が商品になるとき』世界思想社.）
北海道老人福祉施設協議会ユニットケア検討委員会　2008『「ユニットケア・個別ケア」に関するアンケート調査報告書』
Holden. U. P.　Woods. R. T. 1982*Reality Orientation: Rsychological Approaches to the Confused Elderly*, Churchill Livingstone.
本間昭編　2009『介護福祉士養成テキストブック⑪　認知症の理解』ミネルヴァ書房.
星野信也　2008「コミュニティ・ケア──幻想と現実」上野千鶴子他編『ケア　その思想と実践2　ケアすること』岩波書店.
堀田聰子　2008「介護労働市場と介護保険事業に従事する介護職の実態」上野千鶴子他編『ケア　その思想と実践2　ケアすること』岩波書店.
堀田義太郎　2009「ケア・再分配・格差」『現代思想』37(2), 212-225.
市川禮子編　2006『ユニットケアの食事・入浴・排泄ケア──人権を守る介護ハンドブック』クリエイツかもがわ.
井口高志　2007『認知症家族介護を生きる──新しい認知症ケア時代の臨床社会学』東信堂.
石橋潔　1999「タイムスタディ調査によるホームヘルプ労働専門性の検証」『社会文化論集』6, 広島大学大学院社会科学研究科, 139-159.
石田好江　2000「文献紹介　ロニー・J・スタインバーグ著「職務評価における感情労働──賃金慣行の再設計」『女性労働研究』47, 72-79.
石川准　1992『アイデンティティ・ゲーム──存在証明の社会学』新評論.
─── 2000「感情管理社会の感情言説」『思想』907, 41-61.
─── 2001「感情労働とは何か」『看護管理』11(11), 881-886.
─── 2004『見えないものと見えるもの──社交とアシストの障害学』医学書院.
石倉康次　1999『形成期の痴呆老人ケア──福祉社会学と精神医療・看護・介護現場との対話』北大路書房.
James, Nicky　1989 "Emotional Labour: Skill and Work in the Social Regulation of　Feelings" *The Sociological Review*, 37(1), 15-42.
─── 1992 "Care= Organization+ Physical labour+ Emotional labour", *Sociology of Health & Illness*, 14(4), 488-509.
城仁士・藤原義章・義井理　2006「ユニットケアの現状と課題」『神戸大学発達科学部研究紀要』13(2), 95-103.

介護福祉士養成講座編集委員会編　2009『新・介護福祉士養成講座12　認知症の理解』中央法規出版．
介護労働安定センター　2007『平成19年度版介護労働の現状Ⅱ——介護労働者の働く意識と実態』財団法人介護労働安定センター．
神垣真澄・白澤政和 1990「在宅痴呆性老人介護者の介護時間についての研究」『大阪市立大学社会福祉研究会研究紀要』7, 59-72．
金久悦子　1997「医療依存度の高い患者の家族の介護負担」『茨城県立医療大学』2, 61-70．
笠原聡子・石井豊恵・沼崎穂高・浦梨枝子・馬醫世志子・輪湖史子・横内光子・鈴木珠水・大野ゆう子　2004「タイムスタディとは——その背景と特徴」『看護研究』37(4), 11-22．
春日キスヨ　1997『介護とジェンダー　男が看とる女が看とる』家族社．
――――　2001『介護問題の社会学』岩波書店．
――――　2003「高齢者介護倫理のパラダイム転換とケア労働」『思想』955, 216-236．
――――　2004「高齢者介護倫理のパラダイム転換とケア労働、ジェンダー——「痴呆介護実務研修」をフィールドとして」『社会政策学会誌』11, 100-115．
春日武彦　2001『病んだ家族、散乱した室内——援助者にとっての不全感と困惑について』医学書院．
片桐資津子　2005「要介護高齢者と介護職員の脱アサイラム研究——特養ホームにおける介護自治文化の形成過程のフィールドワーク」北海道大学大学院文学研究科2004年度博士論文．
――――　2010　「介護労働とユニット志向ケア導入プロセス」『福祉社会学研究』7, 162-181．
片山由加里　2006「看護師の感情と認識が感情労働に及ぼす影響」『日本看護福祉学会誌』11(2), 163-173．
――――・濱岡政好　2001「看護における感情研究の現状——「感情労働」の視点から」『京府医大医短紀要』10, 201-210．
――――・小笠原知枝・辻ちえ・井村香積・永山弘子　2005「看護師の感情労働尺度の開発」『日本看護科学学会誌』25(2), 20-27．
Kitwood, T. 1997 *Dementia Reconsidered: The Person Comes First(Rethinking Ageing Series)*, Open University Press（= 2005　高橋誠一訳『認知症のパーソンセンタードケア』筒井書房．)
小宮英美　1999『痴呆性高齢者ケア——グループホームで立ち直る人々』中公新書．
小室豊允・岩田克夫　1988『介護者のための老人問題実践シリーズ④　老人の施設介護』中央法規出版．
高齢者介護研究会　2003『2015年の高齢者介護——高齢者の尊厳を支えるケアの確立に向けて』CLC.
高齢者痴呆介護研究・研修センターテキスト編集委員会編 2001『高齢者痴呆介護実践講座Ⅰ研修用テキスト——基礎課程』第一法規出版．
厚生省老人保健福祉局企画課監修　1994『痴呆性老人対策推進の今後の方向——痴呆性老人対策に関する検討会報告・資料』中央法規出版．
厚生省社会・援護局企画課監修　1998『社会福祉の基礎構造改革を考える検討会報告・資料集』中央法規出版．

國定美香　2003「介護保険の要介護認定における一分間タイムスタディ」『福山市立女子短期大学紀要』29, 91-96.
倉田顕　2001「グループホームをとりまく現状とより良いグループホームの普及に向けて」『SRIC REPORET』6(4), 58-64.
京都市老人福祉施設協議会　2008『特別養護老人ホームにおける「介護職員の業務に関する意識調査」報告書』.
Leidner, R. 1993 *Fast Food, Fast Talk: Service Work and the Routinization of Everyday Life*, Berkeley, California; University of California Press.
―――― 1999 *Emotional Labor in Service Work*, The ANNALS of the American Academy of Political and Social Science, 561, 81-95.
前田拓也　2006「アチラとコチラのグラデーション――障害者介助の技術と介助者の日常」三浦耕吉郎編『構造的差別のソシオグラフィ――社会を書く/差別を解く』世界思想社, 63-99.
松木光子　1997『クオリティケアのための看護方式――プライマリーナーシングとモジュール型継続受持ち方式を中心に――（改訂第2版）』南江堂.
松永美輝恵・井関智美　2004「認知症高齢者のコミュニケーション量と感情の分析」『新見公立短期大学紀要』25, 171-177.
McGowin, D. F. 1993 *Living in the Labyrinth: A Personal Journey through the Maze of Alzheimer's*, Elder Books, (=1993　中村洋子訳『私が壊れる瞬間（とき）――アルツハイマー病患者の手記』DHC.)
Meyeroff, M. 1970 *On Caring*, Harper & Row. (=1992　田村真・向野宣之訳『ケアの本質――生きることの意味』ゆみる出版.)
Meerabeau, L. and Page, S. 1998 *Getting the job done: Emotion management and cardiopulmonary resuscitation in nursing*, Bendelow, G. and Williams, S. J. (eds.) Emotions in Social Life: Critical Themes and Contemporary Issues. Roultledge. 295-312.
峯尾武巳・佐藤美和子　2002「ユニット型施設内における人間関係の調整事例」『高齢者のケアと行動科学』8(2), 24-33.
箕岡真子　2010「日本における新しい『認知症ケアの倫理 Ethics of Dementia Care』の創造と発展」『認知症ケア事例ジャーナル』3(1), 61-69.
箕浦康子　1999『フィールドワークの技法と実際――マイクロ・エスノグラフィー入門』ミネルヴァ書房.
三井さよ　2004『ケアの社会学――臨床現場との対話』勁草書房.
―――― 2010『看護とケア――心揺り動かされる仕事とは』角川学芸出版.
宮本真巳　1995『感性を磨く技法2 「異和感」と援助者アイデンティティ』日本看護協会出版会.
―――― 2003『援助技法としてのプロセスレコード――自己一致からエンパワメントへ』精神看護出版.
―――― 2005「感情を「読み書き」する力――エモ―ショナル・リテラシー、自己一致、異和感の対自化」『精神科看護』32(9), 18-27.
宮島渡・武田和典・髙橋誠一　2004『地域でねばる――アザレアンさなだの挑戦』CLC.

三好春樹　1997『関係障害論』雲母書房．
────　2003『痴呆論──介護からの見方と関わり学』雲母書房．
────　2005「ユニットケアへの私の違和感とは何か──『家庭的ケア』という幻想」『ユニットケアでGO！創刊号』CLC．
村田久行　1994『改訂増補　ケアの思想と対人援助』川島書店．
森川美絵　1999「在宅介護労働の制度化過程──初期（1970年代～80年代前半）における領域設定と行為属性の連関をめぐって」『大原社会問題研究所雑誌』486, 23-39．
本岡類　2009『介護現場は、なぜ辛いのか──特別養護老人ホームの終わらない日常』新潮社．
村上廣夫＆誠和園スタッフ　1993『寝たきり地獄はもういやじゃ』筒井書房．
村瀬孝生　2007『おばあちゃんが、ぼけた』理論社．
村田正子編　1993『老人保健施設ケア・マネジメント』中央法規出版．
室伏君士・岩永美代子　1988「痴呆性老人の介護」福祉士養成講座編集委員会編『介護福祉士養成講座⑭　障害形態別介護技術』中央法規出版, 75-106．
長嶋紀一編　2006『基礎から学ぶ介護シリーズ　認知症介護の基本』中央法規出版．
永田久美　2002a「これからの痴呆ケア」日比野正巳・佐々木由恵・永田久美子編『図解痴呆バリアフリー百科』阪急コミュニケーションズ, 16-21．
────　2002b「痴呆の人のもつ障害と可能性」日比野正巳、佐々木由恵、永田久美子編、『図解痴呆バリアフリー百科』阪急コミュニケーションズ, 54-62．
────　2002c「痴呆の人のケアのビジョン」日比野正巳・佐々木由恵・永田久美子編『図解痴呆バリアフリー百科』阪急コミュニケーションズ, 82-108．
────　2003「痴呆ケアの歴史──馴染みの暮らしの中の作業の重要性」『作業療法ジャーナル』37(9), 862-865．
内藤和美　2008「ケアする性──ケア労働をめぐるジェンダー規範」上野千鶴子他編『ケア　その思想と実践2　ケアすること』岩波書店．
中林梓編著　2003『2003年介護報酬改定　ポイント解説と経営シュミレーション』日本医療企画．
────　2006『2006年介護報酬改定　ポイント解説と経営シュミレーション』日本医療企画．
中村秀一　2004「これからの高齢者介護とユニットケア」高齢者痴呆介護研究・研修東京センター編『新しい介護を創るユニットケア　ユニットケアシンポジウム報告』中央法規, 3-21．
中村義哉　2008「『よいケア』とは何か──来るべき『ふつうのケア』の実現のために」上野千鶴子他編『ケア　その思想と実践2　ケアすること』岩波書店．
中島健一・相沢毅・大久保幸積・小野寺敦志・横尾英子編　2005a『認知症介護実践研修テキストシリーズ1　第2版新しい認知症介護──実践者編』中央法規出版．
────　2005b『認知症介護実践研修テキストシリーズ2　第2版新しい認知症介護──実践リーダー編』中央法規出版．
NHK放送文化研究所　2006『日本人の生活時間──2005年国民生活時間調査報告書』NHK放送文化研究所．
西川勝　2007『ためらいの看護──臨床日誌から』岩波書店．
西村ユミ　2001『語りかける身体──看護ケアの現象学』ゆみる出版．

西浦功　2005「ホームヘルパーのアイデンティティー構築の困難性——感情労働としての在宅介護」『人間福祉研究』8, 43-54.
野口裕二　1992「精神医学と社会学——「社会」の抽象水準をめぐって」福島章編『精神医学と社会学』金剛出版.
―――― 2002『物語としてのケア——ナラティブ・アプローチの世界へ』医学書院.
小笠原和彦　2008「ケアワークにおけるストレス」上野千鶴子他編『ケア　その思想と実践2　ケアすること』岩波書店.
岡京子　2006「認知症ケアの変化と介護福祉士養成教育——教科書の記述における感情規則に焦点をあてて」『川崎医療短期大学紀要』26, 75-80.
―――― 2008「介護現場実習学生における「自己の揺らぎ」体験——利用者との関係葛藤場面の記述から」『介護福祉研究』16(1), 71-74.
岡田耕一郎　2006「スウェーデンの老人ホームにおけるユニットケア——三大介護を中心とした介護サービスの視点からの考察」『東北学院大学経済学論集』161, 41-65.
―――― 2008「ユニットケア型老人ホームにおける個別ケアサービスシステムの国際比較——わが国とスウェーデンの事例分析」『東北学院大学経済学論集』167, 135-169.
岡原正幸　1998『ホモ・アフェクトス——感情社会学的に自己表現する』世界思想社.
大熊一夫　2008「縛り放題！閉じ込め放題！あぁ懲りない国ニッポン」上野千鶴子他編『ケア　その思想と実践2　ケアすること』岩波書店.
奥村隆　1998『他者といる技法——コミュニケーションの社会学』日本評論社.
大原一興　2004「スウェーデンにおける痴呆性高齢者ケアとグループリビング」『日本痴呆ケア学会誌』3(1), 71-76.
小埜寺直樹・大下晋一・寺本岳志ほか　2004「特別養護老人ホームは入居者の重度化に耐えられるか？——タイムスタディに基づく最適入居者構成のシュミレーション」『厚生の指標』51(4), 14-17.
太田正博・菅崎弘之・上村真紀・藤川幸之助　2006『私、バリバリの認知症です』クリエイツかもがわ.
小澤勲編著　2006『シリーズケアをひらく　ケアってなんだろう』医学書院
小澤勲　1998『痴呆老人からみた世界』岩崎学術出版社.
―――― 2003『痴呆を生きるということ』岩波書店.
―――― 2005『認知症とは何か』岩波書店.
―――― 2008「認知症を生きる人たち」上野千鶴子他編『ケア　その思想と実践2　ケアすること』岩波書店.
小澤勲・土本亜理子　2004『物語としての痴呆ケア』三輪書店.
Perry, A. ed. 1996 *Sociology: Insights in Health Care*, Singular Pub Group,（=2005　原信田実訳『看護とヘルスケアの社会学』医学書院.）
Polanyi, M. 1966 *The Tacit Dimension*, Routledge & Paul Ltd.（=1980　佐藤敬三訳『暗黙知の次元——言語から非言語へ』紀伊國屋書店.）
老人保健福祉法制研究会編　2003『高齢者の尊厳を支える介護』法研.
Rose, L. 1996 *Show Me the Way to Go Home*, Elder Books.（= 1998　梅田達夫訳『私の家はどこですか——アルツハイマーの終わらない旅』DHC.）

坂本宗久　2005『ユニットケア個性化大作戦　個別化ケアから個性化ケアへ』筒井書房．
崎山治男　2005『「心の時代」と自己』勁草書房．
────　2006「欲望喚起装置としての感情労働――感情労働の『再発見』に向けて」『大原社会問題研究所雑誌』566, 1-14.
佐々木恵美・朝田隆　2006「軽度認知障害の地域研究から見えてきた課題と近未来への展望　茨城県利根町研究の結果から―― AD へのコンバージョンを考察する（アルツハイマー型認知症の実地診療の課題を考える――アルツハイマー病研究会記録）」『老年精神医学雑誌』17(208), 55-60.
佐々木健編　1992『痴呆病棟の一日――モーニングケアからナイトケアまで』医学書院．
笹谷晴美　2005『ケアワーカーの養成課程におけるジェンダー課題』平成 14 年度 - 16 年度科学研究費補助金基礎研究 (C)　研究成果報告書．
────　2008「ケアサービスのシステムと当事者主権」上野千鶴子、中西正司『ニーズ中心の福祉社会へ』40-68, 医学書院．
佐瀬美恵子　2005「『このゆびとーまれ』におけるケアの技術」平野隆之編『共生ケアの営みと支援――富山型「このゆびとーまれ」調査から』筒井書房, 142-72.
佐藤博樹編　2005『介護労働者のストレスに関する調査報告書』介護労働安定センター．
渋谷望　2003『魂の労働　ネオリベラリズムの権力論』青土社．
下村恵美子・高口光子・三好春樹　2005『あれは自分ではなかったか――グループホーム虐待致死事件を考える』ブリコラージュ．
シナジーワーク・プランニングセンター編著　2009『2009 年介護報酬改定　ポイント解説と経営シュミレーション』日本医療企画．
新村拓　2002『痴呆老人の歴史――揺れる老いのかたち』法政大学出版局．
Smith, Pam 1992 *The Emotional Labour of Nursing,* Macmillan Press（= 2000　武井麻子・前田泰樹監訳『感情労働としての看護』ゆみる出版．）
副田あけみ・梅崎薫・小嶋章吾　2003「介護保険下の在宅介護支援センター――タイムスタディにもとづく「あり方」の研究」『厚生の指標』50(15), 8-13.
副田義也　2008「ケアすることとは――介護労働論の基本的枠組」上野千鶴子他編『ケア　その思想と実践 2　ケアすること』岩波書店, 1-34.
Steinberg. Ronnie J. 1999 *Emotional Labor in Job Evaluation: Redesigning Compensation,* The ANNALS of the American Academy of Political and Social Science, 561,143-157.
Stevenson, O. 1989 *Age and Vulnerability: A Guide to Better Care,* Edward Amold.
菅崎弘之　1994「在宅痴呆老人の介護者の精神的健康に関する研究」『老年精神医学雑誌』5(5), 565-575.
杉山孝博　2006『認知症の理解と介護――認知症の人の世界を理解しよい介護をするために』（社）認知症の人と家族の会神奈川県支部．
諏訪さゆり　2010「自立支援と自律尊重の認知症ケアをはぐくむ倫理的気づき」『認知症ケア事例ジャーナル』3(1), 78-83.
鈴木和雄　2002「接客労働の統制と感情労働論」『労働の科学』57(8), 9-12.
────　2006「感情管理とサービス労働の統制」『大原社会問題研究所雑誌』566, 15-28.
鈴木聖子　2007「環境条件からみた特別養護老人ホームケアスタッフの職場内教育における課

題——ユニット型と既存型の比較から」『社会福祉学』48(1), 81-91.
鈴木亘　2010「パートタイム介護労働者の労働供給行動」『季刊社会保障研究』45(4), 417-443.
高口光子　2004『ユニットケアという幻想——介護の中身こそ問われている』雲母書房.
——— 2008「介護の専門性」上野千鶴子他編『ケア　その思想と実践 2　ケアすること』岩波書店, 35-54.
武田和典　2005「ユニットケアの今、そしてこれから」武田和典監修『ユニットケアで GO ！創刊号』CLC, 2-5.
武井麻子　2001『感情と看護——人とのかかわりを職業とすることの意味』医学書院.
——— 2002「感情労働と看護」『保健医療社会学論集』13(2), 7-13.
——— 2005「感情労働としての精神科看護——治療的なかかわりをつくるために」『精神科看護』32(9), 12-17.
——— 2006『ひと相手の仕事はなぜ疲れるのか——感情労働の時代』大和書房.
田中元　2006『改正介護保険で仕事はここが変わる』ぱる出版.
田中かずこ　2005「ケアワークの専門性——見えない労働『感情労働』を中心に」『女性労働研究』47, 58-71.
——— 2008「感情労働としてのケアワーク」上野千鶴子他編『ケア　その思想と実践 2　ケアすること』岩波書店, 97-119.
外山義　2003a『個室・ユニットケアで介護が変わる』中央法規出版.
——— 2003b『自宅でない在宅』医学書院.
外山義・辻哲夫・大熊由紀子・武田和典・高橋誠一・泉田照雄　2000『ユニットケアのすすめ』筒井書房.
Treweek, G. L. 1996 *Emotion work, order, and emotional power in care assistant work*, James, V. and Gabe, J.(eds.)　Health and The Sociology of Emotions.　Blackwell Publishers Ltd. 115-132.
坪山孝監修・能田茂代編　2008『最新介護福祉全書第 8 巻　介護総合演習』メヂカルフレンド社.
上野千鶴子　2006「ケアの社会学　第 4 章　ケアとはどんな労働か？」『季刊 at』5, 94-117.
——— 2008「ケアの社会学　第 10 章　集団ケアから個別ケアへ——ユニットケアの場合」『季刊 at』11, 103-121.
———編　2005『住民参加型地域福祉の比較研究』東京大学社会学研究室・建築学研究室.
宇野真智子　2008「1 分間タイムスタディによるユニットケアと集団ケアの比較」『旭川荘研究年報』39(1), 104-105.
涌井忠昭・城野世津子・高橋精一郎・水津久美子・原田規章　2002「ユニットケアを導入している特別養護老人ホームに勤務する介護職員の身体活動量、エネルギー消費量および作業強度」『産業衛生学雑誌』44, 316.
渡辺裕子　1992「タイムスタディ調査データ活用による特別養護老人ホームにおける介護のシュミレーション分析」『社会福祉学』33(2), 243-269.
渡邊裕子　2010『社会福祉における介護時間の研究——タイムスタディ調査の応用』東信堂.
山口宰　2006「ユニットケア導入が認知症高齢者にもたらす効果に関する研究——従来型特別養護老人ホームにおける実践事例を基に」『社会福祉学』46(3), 75-85.

山田尋志　2006「ユニットケアをめぐる現状と課題」『月刊　総合ケア』16(4), 32-35.
山田昌弘　1994『近代家族のゆくえ　家族と愛情のパラドックス』新曜社.
山田ゆかり・池上直己・池田俊也ほか　2001「在宅アルツハイマー型痴呆患者におけるケア時間の算出方法の検討」『病院管理』38(1), 41-50.
全国社会福祉協議会　1996『サービス供給指標調査研究事業報告書』全国社会福祉協議会.

本書のテキストデータを提供いたします

　本書をご購入いただいた方のうち、視覚障害、肢体不自由などの理由で書字へのアクセスが困難な方に本書のテキストデータを提供いたします。希望される方は、以下の方法にしたがってお申し込みください。

◎データの提供形式＝CD-R、フロッピーディスク、メールによるファイル添付（メールアドレスをお知らせください）。

◎データの提供形式・お名前・ご住所を明記した用紙、返信用封筒、下の引換券（コピー不可）および200円切手（メールによるファイル添付をご希望の場合不要）を同封のうえ弊社までお送りください。

●本書内容の複製は点訳・音訳データなど視覚障害の方のための利用に限り認めます。内容の改変や流用、転載、その他営利を目的とした利用はお断りします。

◎あて先
〒160-0008
東京都新宿区三栄町17-2 木原ビル303
生活書院編集部　テキストデータ係

【引換券】
ユニットケアと
ケアワーク

著者略歴

岡 京子（おか きょうこ）

1957年生まれ。松山大学大学院社会学研究科 博士後期課程修了。博士（社会学）。臨床で看護師として勤務後、介護福祉士養成教育に携わる。現在、新見公立短期大学地域福祉学科教授。

主な著書・論文に、

『子どもからお年寄りまで応急手当マニュアル』（共著、ふくろう出版、2005）、『職場・学校・家庭・地域での応急手当マニュアル』（共著、ふくろう出版、2009）、『介護職員初任者研修課程テキスト２コミュニケーション技術と老化・認知症・障害の理解』（共著、日本医療企画、2012）、『生活支援の基礎理論Ⅰ』（共著、光生館、2015）、『高齢者施設の脱アサイラム化とケアワーカーの感情労働の深まり──「VIPユニット」とよばれる現場から』（『フォーラム現代社会学』第8号、2009）など。

ユニットケアとケアワーク
ケアの小規模化と「ながら遂行型労働」

発　行	2016年1月30日　初版第1刷発行
著 者	岡 京子
発行者	髙橋 淳
発行所	株式会社　生活書院
	〒160-0008
	東京都新宿区三栄町17-2 木原ビル303
	ＴＥＬ 03-3226-1203
	ＦＡＸ 03-3226-1204
	振替 00170-0-649766
	http://www.seikatsushoin.com
印刷・製本	株式会社シナノ

Printed in Japan
2016 © Oka Kyoko
ISBN 978-4-86500-049-8

定価はカバーに表示してあります。
乱丁・落丁本はお取り替えいたします。